Atitude Profissional
[dicas para quem está começando]

Lígia Fascioni

Lígia Fascioni

Atitude Profissional
[dicas para quem está começando]

Atitude Profissional - Dicas para quem Está Começando

Copyright© Editora Ciência Moderna Ltda., 2009
Todos os direitos para a língua portuguesa reservados pela EDITORA CIÊNCIA MODERNA LTDA.
De acordo com a Lei 9.610 de 19/2/1998, nenhuma parte deste livro poderá ser reproduzida, transmitida e gravada, por qualquer meio eletrônico, mecânico, por fotocópia e outros, sem a prévia autorização, por escrito, da Editora.

Editor: Paulo André P. Marques
Supervisão Editorial: Camila Cabete Machado
Copidesque: Eveline Vieira Machado
Capa: Carlos Arthur Candal
Diagramação: Lígia Fascioni
Assistente Editorial: Patricia da Silva Fernandes
Revisão de Provas: Aline Vieira Marques

Várias **Marcas Registradas** aparecem no decorrer deste livro. Mais do que simplesmente listar esses nomes e informar quem possui seus direitos de exploração, ou ainda imprimir os logotipos das mesmas, o editor declara estar utilizando tais nomes apenas para fins editoriais, em benefício exclusivo do dono da Marca Registrada, sem intenção de infringir as regras de sua utilização. Qualquer semelhança em nomes próprios e acontecimentos será mera coincidência.

FICHA CATALOGRÁFICA

FASCIONI, Lígia.
Atitude Profissional - Dicas para quem Está Começando
Rio de Janeiro: Editora Ciência Moderna Ltda., 2009

1. Relações Interpessoais
I — Título

ISBN: 978-85-7393-849-4   CDD 158.2

Editora Ciência Moderna Ltda.
R. Alice Figueiredo, 46 – Riachuelo
Rio de Janeiro, RJ – Brasil   CEP: 20.950-150
Tel: (21) 2201-6662 / Fax: (21) 2201-6896
LCM@LCM.COM.BR
WWW.LCM.COM.BR

Agradecimentos

Agradeço ao meu amor Conrado pelo apoio e carinho.

Agradeço aos meus pais por eu ter vivido sempre cercada por livros.

Agradeço ao tio Melo e à tia Nádia que me ajudaram no começo e continuam comigo até hoje.

Agradeço aos professores, chefes, colegas e clientes que tive até aqui; de alguma maneira, todos contribuíram para o meu crescimento profissional.

Ao Antunes Severo, meu eterno mestre.

Sumário

Para começar   11

1

Como vão se lembrar de você?
Para a turma do fundão   17
Feedback: um presente de amigo   20
Elegância é tudo   23

2

Quem não se comunica, se trumbica!
A língua é sua aliada na vida   29
Respeitável público   40
Mensagem pra você   45
Alô? Você pode falar?   50
Can you speak English?   52

3

Não basta ser, tem que também parecer!
Com que roupa?   57
Entrevista   60
Currículo bacana   63
Cartão de Visitas   68
Para o pessoal da carreira solo   70
Queimando o filme   73
Assim é legal   75

4

O importante não é competir... é cooperar!
No pódio só tem lugar para um   81

O tal do público-alvo . . . 81
Aprenda a compartilhar! . . . 84
A importância da rede de contatos . . . 87
Educação é bom... . . . 90

5

As coisas não caem do céu...
Currículo vazio . . . 97
Intercâmbios . . . 102
Estágios . . . 103
Trabalhinhos chatos . . . 106
Machismo não mata ninguém . . . 111

6

A curiosidade move o mundo!
Por que limitar seu conhecimento? . . . 119
O que você quer ser quando crescer? . . . 119
Você é de direita ou de esquerda? . . . 122

7

Não lute contra o tempo, você vai perder.
Quanto tempo? . . . 129
Projetos de sucesso . . . 131
Como está a sua agenda? . . . 136
Tempo de ser criativo . . . 139

8

Sem tesão, não há solução!
Gato de harém . . . 147
Não está ótimo? Então, mude! . . . 150

Para começar...

Minha vida profissional sofreu muitas transformações até aqui, e espero que mude muito mais ainda. Tenho 42 anos e já fui vendedora em lojas de brinquedos na adolescência, trabalhei por 12 anos como engenheira especializada em robôs e também fui diretora de marketing de uma empresa de tecnologia. Hoje, atuo como professora universitária, palestrante, consultora de empresas e ilustradora, além de ser colunista em um site de propaganda e marketing. Tenho também um blog sobre design, um site sobre identidade corporativa, já fiz algumas incursões pelas artes plásticas e estou em vias de publicar um site sobre viagens de motocicleta com meu marido. Todas essas experiências foram muito ricas e me fizeram uma profissional melhor, mas tornam difícil uma resposta simples para aquela perguntinha básica: no que você trabalha?

Sei que muitos jovens hoje se torturam porque precisam encaixar-se em algum dos rótulos que deram tanta segurança aos seus pais. Todos, mesmo que nunca tenham feito uma faculdade, sabem que quem faz o curso de direito vira advogado. Mas qual é o nome para quem faz Tecnologia da Informação? E Gastronomia de Eventos? E Sistemas Cognitivos? E Gestão de Marketing Esportivo?

A decisão sobre o futuro profissional é angustiante para todas as partes envolvidas. Nunca houve tantas opções, tantas possibilidades, tantos nomes esquisitos. Os profissionais do século XXI são completamente diferentes daqueles do século XX. Os rótulos eram mais claros, os comportamentos mais convencionais. Meu pai passou quase 40 anos de sua vida profissional trabalhando na mesma empresa (ele era mecânico de avião), uma atitude inimaginável nos dias de hoje (até porque nem as companhias duram tanto tempo assim).

Eu mesma, no início da carreira, trabalhei numa empresa onde se separava claramente os "pensantes" (engenheiros) dos operários da montagem e manutenção. Pois, hoje, nem mesmo essa empresa (que ainda existe) pode se dar ao luxo de dispensar os cérebros dos funcionários menos qualificados. Todo mundo precisa pensar, senão está fora.

Este livro não é de autoajuda, não é um manual de recomendação e nem tem a pretensão de ser um guia para novos profissionais.

O que tenho para compartilhar são apenas algumas dicas que recolhi ao longo da minha experiência profissional. Algumas são bem óbvias, principalmente para quem já está há mais tempo no mercado; outras, talvez, nem tanto. Todas podem ser contestadas e contraditas. Mas são coisas que eu gostaria muito de ter sabido antes.

Levei anos para chegar a estas conclusões e teria apreciado muito se tivesse um livro assim na minha época que pudesse me dar essas dicas.

Tenho apresentado alguns trechos do conteúdo de forma resumida em palestras para universitários e estudantes que estão terminando o ensino médio. Algumas partes foram publicadas em colunas semanais no meu blog[1] e no site www.acontecendoaqui.com.br.

A recepção dos estudantes e o acolhimento dos leitores me incentivaram a organizar este material, pois penso que realmente pode ser útil para quem está iniciando sua vida profissional.

Se a minha experiência puder fazer diferença na vida de alguém ajudando essa pessoa a tomar decisões, já me sentirei realizada e com a sensação de dever cumprido.

Desejo a você, leitor, muito sucesso e que a sua vida profissional seja cheia de desafios interessantes e uma inesgotável fonte de satisfação e aprendizado, exatamente como é a minha.

---

[1] www.ligiafascioni.com.br/blog

1

Como vão se lembrar de você?

Para a turma do fundão

Toda sala de aula, em qualquer curso ou escola, sempre tem o pessoal do fundão e a turma que só senta na frente. Tem aquelas figuras que não prestam atenção em nada, ficam zoando a aula inteira. Tem os certinhos, que só tiram 10, sentam na primeira carteira. Tem o tipo que está sempre atrasado, nunca tem tempo de fazer os trabalhos e nem estudar para a prova. Tem o povo que só pede cola, mas nunca dá. Tem a galera que vive pedindo para colocar o nome no trabalho, sem ter feito absolutamente nada. E você? De que tipo é?

Pense bem: *como é que você acha que seus colegas e professores se lembrarão de você daqui a alguns anos?* O cara competente, que se pode recomendar para qualquer trabalho que sabe trabalhar em equipe ou aquela pessoa legal, mas fraquinha, sem muito conhecimento? Ou ainda aquele folgado que só quer levar vantagem em tudo?

Estudos já indicaram que boa parte das vagas do mercado são preenchidas por indicação de colegas e conhecidos. E o motivo é óbvio: quando aparece uma vaga no seu local de trabalho, a primeira coisa que vem à mente do seu chefe é perguntar se você conhece alguém para o lugar. É claro, pois se você é jornalista, deve conhecer outros jornalistas (estudou com muitos deles); se você é técnico em refrigeração, também deve saber quais são os melhores profissionais (tem critérios técnicos para avaliar). Então, reflita: *você recomendaria algum colega seu para um trabalho? Algum colega seu indicaria o seu nome?*

Não basta ser legal, bem-humorado, engraçado. É preciso também ser competente. Você precisa confiar no profissional que está indicando. Dos cursos que eu fiz e nas escolas onde estudei, há várias pessoas que eu adorava, com as quais me dava muito bem, mas tecnicamente as achava-as medíocres. Faziam apenas o básico, o que era pedido. Não acrescentavam nada ao que estávamos aprendendo. Não se empenhavam em aprender mais, em fazer a diferença. Enfim, indicaria essas pessoas, sem pestanejar, para qualquer festa ou evento, jamais para um emprego.

Você contrataria você? Tem certeza?

Bem, você deve estar pensando: estou ferrado – só as pessoas que tiram 10 vão ser indicadas! Engano seu. Nem sempre as pessoas que conseguem as melhores notas são as melhores para trabalhar. Tem gente muito inteligente que não sabe trabalhar em equipe. Nunca dá cola, nunca põe o nome de ninguém no trabalho, só quer aparecer e mostrar que é bom. Seu objetivo é sair bem na foto com os professores. Os colegas, para ele, são um bando de invejosos, nem de perto tão inteligentes quanto ele.

Esse profissional é quase tão ruim para sentar à mesa do seu lado quanto aquele que não se empenha. Saber negociar, compartilhar conhecimento, trabalhar em equipe é essencial. Ninguém gosta de trabalhar com um sujeito metido (nem vai indicar para uma vaga), que guarda o seu enorme conhecimento trancado à chave, na gaveta. São tipos egoístas e sem noção.

Eu era esse tipo... achava o máximo tirar uma nota 10 quando toda a turma ia mal. Era uma figurinha impossível, achava que era isso que esperavam de um bom aluno, sequer passava pela minha avoada cabecinha que os meus colegas pudessem não estar achando isso tão legal assim. É claro que, depois de muita paulada, comentários irônicos, mas, principalmente, *feedbacks* valiosíssimos, acabou caindo a ficha. Só que não tive mais a oportunidade de encontrar novamente muitas das pessoas que conheci naquela época e a imagem que ficou para elas foi essa. Elas não sabem que mudei e muitas me consideram insuportável até hoje (com razão!).

E então, o que fazer?

Passe a ver os seus colegas (e professores) como futuros companheiros de trabalho, sócios, parceiros, clientes, fornecedores, chefes ou subordinados. O mundo profissional é menor do que você imagina.

Puxa, você acabou de se dar conta que deve parecer um péssimo profissional – nenhum professor lhe indicaria, nenhum colega lhe contrataria, ninguém iria querer você como sócio. E agora, o que você faz? Foge para o Panamá? Comete suicídio? Começa a jogar na loteria?

Calma, não se desespere. Você está no começo da vida e ainda tem muito tempo para se adaptar. Se você já se deu conta de que desse jeito não vai rolar nada legal quando se formar, ainda dá tempo de fazer uma autoavaliação e alguns ajustes. E atenção: não adianta virar agora o sujeito consciente, estudioso e competente da noite para o dia. Esse é um processo que leva tempo e depende do seu amadurecimento. O ideal é mudar um comportamento aqui, outro ali. Mas tem que ser verdade, não só para agradar aos outros. Tem que ser para você se sentir bem consigo mesmo.

Feedback: um presente de amigo

Sabe quando a gente está numa sala de aula e se dá conta de que está aprendendo uma coisa importantíssima, tanto que já devia ter nascido sabendo essa coisa? Comigo aconteceu em uma aula de cálculo numérico. Lembro de ter pensado com os botões da minha calculadora: *"nossa, por que é que não ensinaram isso para a gente no segundo grau? A minha vida teria sido tão mais fácil...".*

A outra epifania dessas digna de lembrança, foi numa aula sobre *feedback* do curso de pós-graduação em marketing. Eu me peguei pensando: *"por que é que eles não ensinam o tema no pré-primário? Como é que pude viver até hoje sem saber isso?".* Então, caso alguém tenha vivido até hoje sem isso, lá vai.

Feedback tem uma tradução para o português, mas é horrível. Eu e a maioria das pessoas que têm um mínimo de senso estético se recusa a usá-la (é retroalimentação, argh!). Em engenharia, *feedback* é a resposta que o controlador recebe como resultado de uma ação. Baseado nessa resposta, ele reajusta a ação e examina novamente o *feedback*. O sistema vai adaptando-se aos poucos até chegar ao objetivo desejado. Simples assim, só que eu nunca tinha pensado que esse jeito de proceder também poderia funcionar nas relações humanas. Sem *feedbacks*, a gente nunca sabe como está indo.

Feedback trata de como a gente conta para a outra pessoa o que está achando sobre as ações dela.

> Note uma coisa importantíssima: **feedback nunca é sobre a pessoa, é sempre sobre o que ela faz.** Pode parecer bobagem, mas esse detalhe faz toda a diferença.

Se você disser para uma amiga que ela é antipática, não há nada que ela possa fazer a respeito. Mas se disser que a fofa está tomando algumas atitudes que podem fazê-la parecer antipática, aí tem conserto. É só ela repensar e readequar algumas dessas tais atitudes, sacou? Você contribui sem xingar, sem ofender, de uma maneira objetiva e eficiente. Vai no âmago da questão. E pensar que tem muito namoro bacana que acaba só porque os pombinhos não tiveram a oportunidade de fazer uma pós-graduação em marketing. Afinal, o que um reles mortal pode fazer quando alguém resolve que sabe mais sobre ele que ele próprio? Contra verdades definitivas, não há defesa.

Já o *feedback* é diferente.

Você pode criticar o relatório que o fulano fez, mas não o fulano. Pode dizer que o juiz roubou, mas não que ele é um ladrão. Pode reclamar que seu pai está enchendo a sua paciência, mas não que ele é um chato. A diferença é sutil, mas vital.

A gente pode mudar as nossas ações, mas não a nossa essência. É a diferença fundamental entre ser e fazer.

Na aula, a gente aprendeu também algumas técnicas para dar um *feedback* ruim sem machucar demais a pessoa que deu a bola fora. A mais conhecida é chamada "sanduíche" e funciona assim: primeiro você elogia (sinceramente) os pontos positivos da pessoa. Então, chega a hora de dar a martelada (delicada, porém firme). Para fechar, mais elogios. É mais uma versão do "arranha e assopra", mas que funciona muito bem. E deu. Não precisa ficar arrastando-se e se repetindo-se indefinidamente.

feedback "sanduíche" = elogio / crítica / elogio

Mais do que dar *feedbacks*, a gente devia mesmo é aprender a recebê-los. Como a nossa cultura é cheia de colocar panos quentes nas coisas, a maioria das pessoas não está preparada para receber críticas. Elas sempre interpretam como um ataque pessoal e desperdiçam uma maravilhosa oportunidade de crescer.

Antes dessa aula, eu também fazia exatamente assim: ao menor sinal de crítica, me armava toda. Buscava, desesperadamente, explicar porque tinha feito assim e não assado.

Ora, enquanto a sua cabeça fica rodando que nem uma louca procurando desculpas e justificando-se, você não escuta o que está sendo dito.

A gente fica literalmente surdo, não aproveita nada mesmo. Então, ao receber um *feedback*, feche a boca e preste bem atenção em tudo. Só depois filtre e assimile o que lhe convier.

Pare de achar que as pessoas estão contra você. Preste atenção no que elas estão dizendo. Pode fazer sentido...

Ah, mas cuidado. Sabe aquela sua amiga que vive dando opiniões que você não pediu sobre a sua pele (está oleosa demais), a sua saia (não ficou legal porque você engordou), seu sapato (não está mais se usando)? Atenção: isso não é *feedback*. Ataques de sinceridade incontrolável que não contribuem para o crescimento de ninguém, só servem para torpedear a autoestima da vítima. Ignore.

E olha só que informação importante: *feedback* é o presente mais precioso que um amigo pode dar. Afinal, é muito mais fácil sair por aí falando mal de você para os outros do que chamá-lo para um café e se arriscar a perder a amizade, não é?

A gente pode fazer o que quiser com os presentes que ganha. Pode usá-los ou jogá-los fora (se não gostar). Mas não custa desembrulhar antes para ver o que é e formar uma opinião.

Ainda bem que tive a oportunidade de assistir aquela iluminada aula sobre *feedback*. Só assim me dei conta da quantidade de presentes que estava jogando fora sem nem abri-los e separar os palpites infelizes dos verdadeiros *feedbacks*.

Ainda sou uma aluna desajeitada quando se trata de fazer contribuições para colegas e alunos, mas estou empenhando-me em aprender. E você? Sabe dar e receber presentes?

Bom, então, o primeiro recado já foi dado: preste atenção em como está a sua imagem no mercado. Veja como você está comunicando a sua competência às pessoas que lhe são mais próximas e como elas estão percebendo suas atitudes. Pense se você quer que continue assim ou prefere mudar. Mas, acima de tudo, esteja consciente das consequências do seu comportamento atual no seu futuro profissional.

Elegância é tudo

Nunca me esqueço de um chefe que tive (e foi a pessoa com quem mais aprendi). Quando eu fazia alguma coisa que não era exatamente o que ele tinha pedido, em vez de esbravejar e me chamar de burra, ele chegava perto e dizia: *"talvez eu não tenha me expressado bem, mas eu quis dizer que era para fazer dessa maneira..."*.

Era bom porque eu refazia o trabalho numa boa, sem me sentir humilhada.

Dicas:

- Esteja consciente das suas atitudes hoje e pense em como elas podem refletir no seu futuro.

- Preste atenção no que as pessoas estão dizendo. Pode ser que você não concorde totalmente, mas algumas partes podem fazer algum sentido.

- Quando der um feedback, não agrida a pessoa. Fale sempre sobre as atitudes (que podem ser mudadas). Em vez de dizer *"você é um incompetente e sempre faz tudo errado"*, prefira *"gostaria que você refizesse essa parte do trabalho, com certeza ficará melhor."*

- Quando receber um feedback, não tente justificar-se. Aliás, não diga nada, apenas ouça. Algumas partes do discurso podem ser interessantes e trazer-lhe outras perspectivas sobre como você é visto.

- Não fique bravo com um amigo que lhe dá feedbacks negativos. Isso só prova que ele é seu amigo. Puxa-saquismo e amizade são coisas bem diferentes.

2

Quem não se comunica, se trumbica!

A língua é sua aliada na vida

Está bem, a nossa língua é complicada e são regras demais, ainda mais se a gente considerar o novo acordo ortográfico — quase ninguém sabe ou se lembra delas. Mas quem lê bastante erra menos.

"Somente a língua nos faz seres humanos. Somente a língua nos distingue dos animais". Com essas duas frases concisas, Dietrich Schwanitz[1] resume bem a importância da palavra na nossa vida.

E ele vai mais longe: quem não consegue expressar-se corretamente, também não é capaz de pensar corretamente.

Assim, quem se articula de uma maneira limitada, também tem seu mundo interior limitado, não consegue estruturar linhas de raciocínio mais complexas.

Essa pessoa não consegue nem entender e nem expressar direito o que sente e pensa, pois o vocabulário é pobre e não dá conta do muito que é a vida.

Dietrich não deixa por menos e ainda completa: mais do que a fala, a escrita é a chave para o domínio de uma língua.

Falando, a gente pode descrever coisas e pessoas, mas não dá para abstrair muito, o esforço para acompanhar o desenrolar da argumentação é muito grande. Por meio da escrita, é possível libertar a linguagem da situação concreta (fatos) e torná-la independente do contexto (idéias).

---

[1] Schwanitz Dietrich. *Cultura geral, tudo o que se deve saber*. São Paulo: Martins Fontes, 2007.

Quando a gente fala, a emoção predomina sobre a objetividade; quando escreve ou lê, desenvolve muito mais a capacidade de abstração.

Dito isso, é de se lamentar que para boa parte das pessoas, a palavra falada seja a única fonte de informação e também a única forma de comunicação. E o que acontece é que a palavra escrita, por absoluta falta de intimidade do usuário, é frequentemente distorcida em seu sentido original. As pessoas colocam seus negócios em risco em armadilhas causadas por elas próprias. Seria cômico, se não fosse trágico...

Olha só: sempre dou uma geral nos spams antes de apagá-los e esses dias me deparei com o seguinte convite: *"Curso de acidentes de trânsito"*. Ora, ora, como é que posso perder um curso desses? Fui lá olhar: era um curso que ensinava como interpretar acidentes e descobrir suas causas; o público de interesse era principalmente policiais e peritos (além de curiosos em geral). Mais um tropeço na descrição: *"uso de metodologias científicas para **revelar e concretar os elementos disponíveis**..."*. Você não fica em dúvida sobre a qualidade do curso depois de uma introdução dessas?

Há outras confusões fáceis de encontrar:

Um grupo de pagode publicou o anúncio de uma apresentação na sua página na Internet com a seguinte chamada: *"não deixe de perder o grande show..."*.

Frase de uma celebridade instantânea em pleno carnaval: *"me deram essa oportunidade e eu agarrei de braços abertos..."*

Uma conhecida apresentadora de televisão começou a manhã com essa pérola: *"Você tem que acreditar que hoje será muito melhor que amanhã, que depois que amanhã..."*

Se você frequenta a Internet, deve estar cansado de ler barbaridades semelhantes. Mas olha só: o que você pensa quando lê uma frase escrita de qualquer jeito, cheia de erros de português? Isso combina com uma pessoa inteligente, competente? Se você tivesse uma empresa e precisasse contratar alguém, você contrataria uma pessoa que escreve errado?

Se alguém comete erros de português porque não teve estudo, é perfeitamente compreensível. Como exigir de alguém, que não frequentou a escola e não teve acesso a livros que fale e escreva direitinho? Por causa dessa falta de oportunidades, essas pessoas acabam ocupando cargos menores ou fazendo trabalhos braçais. Essas funções são muito dignas e necessárias, mas limitam muito as possibilidades de crescimento.

Se você quer um trabalho que envolva salários melhores e reais possibilidades de crescimento, isso implica que você tenha responsabilidades, negocie com outros profissionais, consiga traduzir bem o que tem em mente. Sem o domínio da língua, a tarefa fica bem mais difícil. Se você não é capaz de estruturar uma linha de raciocínio completa num e-mail ou numa apresentação, também fica complicado para as pessoas entenderem o que você quer dizer.

Atenção: **comunicar-se bem não significa falar difícil**. Falar bem é se comunicar de maneira concisa, clara e correta.

Às vezes, quando a gente quer "falar bonito", acaba usando expressões que não dizem nada e nem contribuem para a clareza da comunicação. É uma mania feia que foi inventada por quem não tinha muito a dizer e que a gente imita sem pensar. Vamos ver:

No sentido de: *Vamos fazer todo o esforço no sentido de aprovar o projeto.* Para que complicar? Se a gente falar: *Vamos fazer todo o esforço para aprovar o projeto* não diz a mesma coisa de maneira mais clara?

A nível de: *A nível de Brasil, o projeto vai muito bem.* É errado, não use. Veja a opção correta e mais elegante: *No Brasil, o projeto vai muito bem.* Viu como o *"a nível de"* não faz nenhuma falta? Se não tiver jeito, substitua *"a nível de"* por *"no âmbito"*, assim: em vez de *"a nível estadual"*, use *"no âmbito estadual"* ou *"no Estado"*.

Enquanto: *A IBM, enquanto empresa, é um sucesso.* Enquanto também indica uma situação provisória. A IBM deixa de ser empresa em algum momento? Prefira: *A empresa IBM* ou *A IBM, como empresa, é um sucesso.*

Eu acho: Há discursos que são um festival de "achismos". Eu acho isso, eu acho aquilo. Prefira: eu penso, eu acredito, eu considero, eu creio, eu imagino e outras variações.

Junto a: Caiu no gosto do povo e é usado sem nenhum critério. Mas veja bem: *junto a* significa *ao lado de*. É correto dizer *"a farmácia fica junto à prefeitura"*, mas e quando você diz: *"vou entrar com o pedido junto à prefeitura"* está dizendo que vai entrar com um pedido *ao lado* da prefeitura. Era isso mesmo que você queria dizer? Que tal simplificar e dizer: *"vou entrar com o pedido na prefeitura"*?

Gerundismo: Trata-se de uma construção verbal mal traduzida do inglês que não existe no português. É o tal: *"vou estar fazendo"*, *"vou estar falando"*, *"vou estar comunicando"*, *"vamos estar resolvendo"*. Fale certo e claramente. Prefira: *"vou fazer"*, *"vou falar"*, *"vou comunicar"*, *"vou resolver"*.

Fazer uma colocação: colocar é dispor, empregar, usar, geralmente usado em relação a um objeto. Assim, ninguém faz uma colocação. As pessoas podem fazer uma observação, um comentário, uma contribuição para a conversa, uma explicação, uma crítica — tudo — menos uma colocação!

Plural de siglas: Não encontrei um consenso para o plural de siglas em português; algumas referências recomendam colocar um "s" minúsculo depois da sigla e outras dizem para não colocar nada. Mas em um ponto, todas concordam: é errado o uso do apóstrofo s ('s). Não existe essa construção em português. Assim, para o plural de CD, PM, IPTU, RG e outras siglas, deixe igual ou use: CDs, PMs, IPTUs, RGs.

A questão dos tracinhos: A maioria das pessoas não se dá conta, mas existem dois tipos de tracinhos que fazem parte do código da nossa língua e têm significados diferentes. Um é mais curto, "-", chamado de hífen, e serve principalmente para unir números e palavras. Outro, mais comprido, "—", é chamado travessão, e serve para fazer justamente o contrário: separar idéias. Se você não coloca espaço nem antes e nem depois do traço, significa que está juntando duas palavras (ou números) e precisa usar o hífen.

Exemplo: beija-flor, 88036-001. Se você deixa espaços antes e depois do traço, é porque quer separar idéias, então, tem que usar o travessão (*en dash* e *em dash* em inglês[2]). Assim, em um endereço, por exemplo, ao separar a cidade do bairro, estamos separando duas idéias diferentes. Quando colocamos o CEP, estamos juntando números. Veja a diferença:

Itacorubi — 88034-001 — Florianópolis, SC. Para inseri-lo, use a opção *"inserir símbolo"* ou *"caractere especial"* do seu redator. Agora, você não tem mais desculpa para errar!

---

[2] O *en dash* tem o comprimento de um "n". O *em dash* é mais comprido, mede um "m".

Já é hora: Você sabia que é errado escrever 19:00 h ou 18:32 h? Pois é! Apesar de um pouco estranho, o certo é 19h30min15s (assim, tudo junto), 15h30 (quando não tem segundos, não precisa da indicação de minutos) ou 16 horas (separado e por extenso, quando as horas forem inteiras). Parece bobagem, mas para que escrever de maneira incorreta agora que você já sabe como se faz, né?

Show de redundâncias: Outra coisa muito comum que alguém que quer comunicar-se bem deveria evitar são as redundâncias. Elas encompridam a frase sem acrescentar nenhum significado. Olha só:

O filme é baseado em *fatos reais*. Ora, se os fatos fossem irreais, não seriam fatos e o filme seria de ficção.

O projeto é o *elo de ligação* entre as entidades. Existe algum elo que não seja de ligação? É mais elegante e correto dizer: o projeto é o elo entre as entidades.

Fulano é *amigo pessoal* de beltrano. Você tem algum amigo que não seja pessoal? Existem amigos impessoais?

Agora só falta o *acabamento final*. Ué, acabamento não é justamente a última coisa que se faz? Existe acabamento inicial?

Todos foram unânimes em concordar com a proposta. Existe alguma maneira de se obter unanimidade sem que todos concordem? É melhor dizer *"Todos concordaram..."* ou *"Houve unanimidade..."*.

Eram apenas *pequenos detalhes*. Se fossem grandes, é claro que não seriam detalhes, né? Melhor dizer *"Eram apenas detalhes"*.

As duas instituições terão que *conviver juntas*. Ora, só dá para conviver se for junto, conviver separado não é conviver... Assim, o certo seria *"As duas instituições terão que conviver"*.

Comecei a trabalhar na empresa *há 3 anos atrás*. O verbo haver já indica tempo decorrido; se eu trabalho há 3 anos, só pode ser atrás! Assim, prefira: *"eu trabalho na empresa há três anos"*.

Outros casos: encarar de frente, surpresa inesperada, criar novos, sorriso nos lábios, repetir de novo, erário público, dar de graça, descer para baixo, manter o mesmo, monopólio exclusivo, pessoa humana, general do Exército, e por aí vai.

Tropeçando na língua: Quando a pessoa fica um pouco nervosa, é normal usar "muletas", que são expressões que se utiliza enquanto se está pensando, só para ganhar tempo e a frase ficar mais comprida. Retire as palavras em negrito e veja se elas fazem alguma falta:

O nosso sucesso, **de repente**, é fruto de muito trabalho.

Aquela garota é, **tipo assim**, muito simpática.

O nosso projeto, **né**, é muito importante.

O chato é que quando a pessoa se acostuma a usar essas "muletas", não consegue mais falar sem elas. Essa mania acaba distraindo a atenção da mensagem que ela quer transmitir. Lembro de um professor que falava tanto "né" que acabou sendo apelidado de "nézinho". A gente chegava a contar quantos "nés" ele falava durante a aula. Obviamente, ninguém prestava atenção na matéria...

Já pensou se quem estiver falando for você (uma coisa muito importante) e quem estiver contando os seus "nés" for seu chefe ou um cliente?

Absurdos

Às vezes, a gente fala coisas completamente sem sentido, apenas por repetir o que se diz por aí. Vamos ver alguns exemplos:

Roubaram o carro do José e agora ele tem que **correr atrás do prejuízo**. Onde José está com a cabeça? As pessoas correm atrás de sucesso, lucro, dinheiro, enfim, coisas boas. Por que uma pessoa se esforçaria tanto em correr para no final encontrar apenas prejuízo?

Estamos à disposição para **maiores informações**. Não existem informações maiores ou menores. Você pode fornecer mais ou menos informações.

O projeto foi votado em **tempo hábil**. Haverá tempo inábil? Se for dito que o projeto foi votado a tempo já não dá para entender? Observe que, neste caso, o correto é a tempo, não em tempo.

Mais algumas dúvidas

Reverter ou inverter? Reverter é voltar para a situação anterior, como era antes. Inverter é fazer justamente o contrário, mudar tudo.

De encontro e ao encontro. Ir de encontro ao muro é colidir no muro de maneira violenta. Ir ao encontro de alguém é se encontrar amigavelmente com essa pessoa. Ir ao encontro de uma idéia é concordar com ela. Ir de encontro a uma idéia é discordar completamente.

Em vez de ou ao invés de? Outra vez, duas expressões usadas erroneamente como sinônimos. Invés lembra inverso; só deve ser usado quando só se tem duas opções possíveis e contrárias. Ex: Ela entrou, ao invés de sair. Ele respondeu, ao invés de ficar calado. Em todos os outros casos, usa-se em vez de.

Mal ou mau? Mal é o oposto de bem (bem feito, mal feito) e mau é o contrário de bom (menino mau, menino bom). Para lembrar, use a dica dos "lacinhos" que formam o par bem-mal.

Através: Esse termo só deveria ser usado quando queremos dizer que uma coisa atravessou fisicamente outra, que varou de lado a lado. Em todas as outras situações, deveríamos evitá-lo. Assim, em vez de *"Aprendeu através do curso"*, use *"aprendeu no curso"* ou *"aprendeu durante o curso"*. Em vez de *"soube através de um amigo"*, use *"soube por um amigo"*.

Dicas:

- Tenha sempre uma gramática e um dicionário à mão.

- Não tenha medo de perguntar. Discuta suas dúvidas com os colegas ou com o professor.

- Não perca de vista que o objetivo da comunicação é se fazer entender. Por isso, seja simples e claro.

- Se você não tem certeza sobre o significado de uma palavra, procure-a no dicionário ou não a use.

- Leia bastante e sobre todos os assuntos. Essa é a melhor maneira de melhorar a redação.

- Fuja de modismos e lugares-comuns. Mesmo que não sejam tecnicamente errados, eles tornam o seu discurso muito chato. Exemplos: mudança de paradigma, agregar valor, espaço físico, inserido no contexto, fechar com chave de ouro, leque de opções, inteiro dispor, público em geral, adentrar, alavancar, antenado, via de regra etc

Respeitável público

Hoje, todo mundo precisa fazer apresentações seja na escola, no trabalho, seja em algum evento. E, mais ainda, precisa assistir a um montão delas. Não sou uma especialista no assunto e as minhas estão longe de ser referências, mas sempre que posso, leio alguma coisa a respeito para maltratar menos quem está condenado a me ouvir.

Pena que nem todo mundo pensa assim. Poxa, se a pessoa precisa falar-me alguma coisa que ela acha importante, custa aprender direito como se faz? Ultimamente, tenho assistido a várias apresentações que me deram dor de cabeça, irritação e até mau humor. É uma falta de respeito tão grande com quem está assistindo que fico pensando sobre o que passava na cabeça da pessoa quando montou o espetáculo. Como é que alguém quer ganhar nota boa no trabalho se a apresentação é uma tortura? E pior, como é que alguém pretende vender uma idéia assim?

Uma apresentação (qualquer uma) sempre tem como objetivo convencer a platéia de alguma coisa.

A pergunta é: do que você quer que as pessoas estejam convencidas quando você terminar a sua fala e disser *"obrigado"*? Se isso não está claro para você, a apresentação já começa mal...

Há um tipo de apresentação que considero o pior: aquele onde o orador despeja páginas e páginas de texto de um roteiro que só servem para demonstrar quão pouco ele se preparou para o evento.

Algumas pessoas simplesmente se esquecem de que as apresentações no Powerpoint devem ser concebidas para ajudar a comunicar uma idéia, para reforçar conceitos-chave de maneira mais didática, enfim, para informar aos mais distraídos sobre o assunto que está sendo tratado na hora. Mas não para servir de muleta para apresentadores despreparados. Se você está nervoso e não sabe o que vai falar, não puna as pobres pessoas que vão assistir com textos de 20 linhas, elas não têm culpa. Há apresentações que mais parecem aqueles exames oftalmológicos com testes para ver se você enxerga bem. As letras são minúsculas e o apresentador tem a cara de pau de se desculpar dizendo que tinha muito texto ou a tabela era muito grande. E a platéia com isso? Se a pessoa não tem capacidade de síntese, devia pedir ajuda ou se preparar mais.

Não por coincidência, imagino, estes são os shows mais recheados de erros de português e de digitação. Se o palestrante não teve nem o cuidado de resumir os principais pontos, por que exigir dele uma banal revisão?

O cúmulo dos cúmulos, na minha opinião, é quando o apresentador desembesta a ler tudo o que ele escreveu lenta e pausadamente, como se todos os ouvintes fossem analfabetos. Alguns, mais sensíveis, quando percebem o mal-estar geral e o desinteresse generalizado, passam a ignorar a montanha de texto e saem falando sobre outro assunto, provocando a **síndrome do filme com legenda**: você tenta ler o que está escrito e prestar atenção no que a pessoa está falando ao mesmo tempo, mas é impossível. Algumas vítimas optam por prestar atenção no apresentador, ignorando solenemente o recurso visual, o que caracteriza um desperdício (projetores e laptops custam caro). Outras, mais ortodoxas, preferem apenas tentar ler e passam a achar que a voz do apresentador perturba a sua concentração. E ficam com muita raiva quando se passa para o próximo quadro sem que elas tenham acabado de ler o anterior.

Gente, para que esse sofrimento todo? Se o apresentador está inseguro sobre o que vai falar ou tem medo de se esquecer de algo importante, pode escrever fichas para se orientar. Pode distribuir material impresso para preencher as lacunas sobre as informações que não foram detalhadas. Pode combinar perguntas com colegas. Pode ainda se preparar mais, ensaiando em casa. Enfim, há muitas maneiras de tornar uma apresentação interessante sem fazer a platéia sofrer. Só que dá um trabalhão! Quanto mais legal e aparentemente simples é uma apresentação, mais horas de preparação ela consumiu, pode ter certeza!

O ideal é que os slides tenham figuras que reforcem a idéia tratada e apenas **algumas** palavras-chave.

Mas figuras são difíceis de achar e leva horas para encontrar uma que se encaixe direitinho no conceito. As tabelas devem ser consolidadas, apenas com as informações que possam ser entendidas e visualizadas naquele momento. É só lembrar da regrinha básica: **o que não pode ser lido, não deve ser mostrado!** Assim, mais trabalho: nada de pegar o que já está pronto no relatório e simplesmente colar.

Filmes? São muito bem-vindos, desde que testados antes, exaustivamente, incluindo o som. Então, nem pensar em chegar com apenas 5 minutos de antecedência. Apresentações com filmes exigem mais de meia hora de ajustes para evitar fiascos. É constrangedor testemunhar a luta entre o palestrante e o equipamento em tempo real.

Ah, e será que letras esvoaçantes e efeitos especiais contribuem mesmo para o conteúdo que está sendo tratado?

Outra questão é o tempo. Planejar bem antes evita que o começo seja lento e o final desande em desabalada carreira. Ou, então, que os ouvintes olhem mais para seus relógios do que para a tela.

Dicas:

1. Responda à pergunta: o que eu quero que as pessoas pensem depois que eu terminar a palestra?

2. Estude bastante o assunto que você vai tratar.

3. Use fotos e ilustrações (não se esqueça dos créditos).

4. Evite imagens animadas. Elas distraem a atenção da platéia para o que você está falando. Vale o mesmo para os efeitos especiais.

5. Use o menor número de palavras que você conseguir (sem muitas variações no tipo de letra). Então, não precisa usar verbos e adjetivos; só palavras-chave mesmo.

6. Não use fundos estampados; seja o mais simples e claro possível.

7. Preste atenção no contraste das cores. Dependendo do projetor, o texto pode ficar ilegível.

8. Ensaie, revise, ensaie. Monitore o tempo.

9. Chegue pelo menos meia hora antes da apresentação e teste os equipamentos.

10. Tenha várias cópias da apresentação (CDs, pen drives, Internet) para o caso de alguma falhar. E boa sorte!

Mensagem pra você

Acabei de receber mais um inacreditável e-mail de uma pessoa sem noção. Não, não é spam. É alguém que está insatisfeito na empresa onde trabalha e me manda seu currículo, perguntando se eu sei de alguma oportunidade. Não conheço o candidato, diz ele que um amigo comum me indicou. O currículo é até razoável, mas me recuso a indicar esse indivíduo por um motivo muito simples: ele mandou tudo isso pelo endereço de e-mail da empresa onde trabalha atualmente. O endereço para contato que consta no currículo também é o dessa empresa. Tenho certeza de que, na entrevista, o sujeito é capaz de jurar sobre a Bíblia que é uma pessoa extremamente ética. Como é que pode?

De que adianta a gente falar tanto contra a corrupção nesse país se todo mundo acha natural usar os recursos da empresa onde trabalha para fins particulares, inclusive contraditórios aos objetivos de quem paga o seu salário?

Não seria mais sensato essa pessoa criar um endereço grátis no Yahoo, Hotmail, Gmail e não depender nunca mais na vida de empresas e empregos para ser encontrado?

Tenho muitos amigos, pessoas legais, cujo contato perdi completamente quando eles mudaram de emprego. Há alguns que se dão ao trabalho de avisar para todo mundo cada vez que trocam de emprego, informando o novo endereço de e-mail. Não consigo encontrar uma explicação razoável, afinal, são pessoas inteligentes, descoladas. Por que será que fazem isso?

Bom, vou aproveitar a deixa para fazer uma lista de boas práticas na Web, uma espécie de movimento para conscientizar quem não está prestando muito atenção na sua correspondência virtual. A idéia é não deixar mais que as pessoas prejudiquem tanto a sua imagem (e da empresa onde trabalham) por pura distração (ou sei lá o quê). Vamos lá:

Endereço: Crie um endereço pessoal que independa de onde você trabalha para contatos extraprofissionais e mandar piadas, filminhos, fotografias e afins. É mais ético, mais justo, mais bacana.

Rodapé: Se tiver que mandar uma mensagem pessoal pelo endereço da empresa, não se esqueça de apagar o rodapé padronizado. Já recebi coisas completamente incompatíveis com a identidade da organização em questão. O pior é que o nome da empresa vai aparecendo conforme a corrente vai crescendo. Isso me faz lembrar que é importante apagar todo o lixo (incluindo endereços e comentários anteriores) que não faz parte da mensagem antes de encaminhá-la.

Privacidade: Procure sempre prezar pela privacidade dos destinatários (use o recurso de ocultar endereços).

Nome: Se tiver que enviar uma mensagem de cunho profissional, por favor, use o e-mail da empresa com seu nome verdadeiro! Já recebi propostas comerciais e currículos de endereços constrangedores (ex: belzinha_fofax, vivi_fashion08, betofodao2 e por aí vai). Se a empresa tem um domínio, os negócios em nome dela devem ser coerentes com este endereço.

Slogans: E-mails pessoais podem ter qualquer coisa no rodapé, desde slogans até figurinhas. Mas se você utiliza esse endereço para fins profissionais, convém evitar coisas como *"Jesus te ama"*, *"Não sou um completo idiota porque faltam algumas partes"*, *"Odeio segundas-feiras"*, *"O amor sempre vence no final"*.

Figuras: Muita gente gosta de colocar uma figura ou mesmo a marca gráfica da empresa no rodapé da mensagem. Isso é muito legal quando funciona, mas acontece que a gente não tem controle sobre as ferramentas de e-mail que nossos destinatários usam. Às vezes, a figurinha se transforma misteriosamente em papel de fundo repetida mil vezes e torna a mensagem impossível de ser lida. Nessas coisas, é melhor ser mais conservador para garantir a comunicação eficiente.

Correntes: Tenha dó dos seus amigos e não mande correntes com histórias esquisitas sobre ganhar dinheiro fácil, produtos que causam câncer, novo vírus Trojan e coisas assim. Se você não tem certeza se o que está escrito é realmente verdade porque não tem tempo, por que seus amigos teriam? Não contribua para que a praga se dissemine nas caixas de correio de todo mundo. Na dúvida, toda vez que receber algo dizendo que o McDonalds usa carne geneticamente modificada, consulte o índice de lendas urbanas[1] (também conhecidos como *hoax*).

Caixa cheia: Não tem nada mais chato do que enviar uma mensagem para uma pessoa e ela não responder.

---

[1] <http://www.quatrocantos.com/LENDAS/index_crono.htm>

Geralmente, a caixa de entrada está tão lotada de bobagens que seu e-mail fica perdido lá no meio, esperando a hora de ser encontrado. Recebo mais de 200 e-mails por dia e respondo a todos que são diretamente enviados a mim (cerca de 30). Como? É só ter uma excelente e bem treinada ferramenta antispam, um pouco de disciplina e mais de um endereço (tenho um Yahoo só para compras virtuais, cadastros, listas e outras coisas menos pessoais). A caixa de entrada deve ser limpa com frequência e ter, no máximo, umas 10 mensagens (assuntos que ainda estão sendo tratados). Acostume-se a criar pastas organizadas por assuntos e a arquivar o que já foi resolvido.

Assunto: A gente ajuda muito o nosso destinatário quando esclarece, já no assunto (ou subject), do que trata a mensagem. Nada mais confuso do que receber um "En:Re:Re:Re:Re:Bom dia". Não é muito melhor "Alteração da proposta XY"? Quando o e-mail tratar de mais de um assunto, numere os itens para que o texto fique mais organizado.

Português: Dê sempre uma revisada no português. Seus amigos podem achar engraçado e até preferir o "MSNnês" criptografado sem vogais. Já os clientes ... melhor não arriscar.

Autoria: Por mais interessante que seja a crônica ou o texto que você tenha recebido, tente conferir, mesmo que seja pelo Google, a autenticidade da autoria. Há textos atribuídos ao Luís Fernando Veríssimo que só mesmo uma pessoa que nunca leu nada dele poderia acreditar. Há histórias que falam da religiosidade de Einstein completamente contraditórias com a sua biografia. Se você não tem tempo para conferir, poupe o tempo de quem vai ler também. Não é justo?

Anexos: Utilize anexos apenas quando isso é absolutamente indispensável. Várias vezes tive que abrir um arquivo Word que tinha apenas um parágrafo escrito (por que a pessoa não colocou a informação no corpo do e-mail?).

Formatos de anexos: Falando em anexos, se você não quiser que o arquivo anexado seja alterado, perca a formatação ou mude as fontes tipográficas, evite enviá-lo no formato Word. A empresa Adobe desenvolveu o formato PDF exatamente com esse objetivo (você ainda elimina o risco de vírus que poderia vir junto com o documento Word). Se você não tem o software instalado, pode baixar o conversor de arquivos para esse formato gratuitamente[2].

Vários anexos: Quando for anexar muitos arquivos (principalmente de formatos diferentes), coloque em uma pasta compactada e mande somente essa pasta. Pense sempre no conforto de quem recebe a mensagem.

Pesquisa: Se você estiver fazendo uma pesquisa, jamais anexe um documento para a pessoa preencher. Prefira sempre publicar um formulário na Internet e mande só o link. É mais seguro, rápido e confortável para a pessoa que já está fazendo o grande favor de colaborar. Ah, e não se esqueça de agradecer a participação e oferecer os resultados da pesquisa depois.

E-mail é uma ferramenta muito valiosa nas relações profissionais, mas, como toda ferramenta, precisa de alguém que saiba usá-la bem para mostrar seu valor. Usá-la de maneira incorreta pode atrapalhar mais do que ajudar.

---

[2] <http://www.pdf995.com/download.html>

Alô? Você pode falar?

Telefone é um equipamento que se tornou tão essencial na nossa vida profissional que merece um capítulo à parte. Há pessoas que usam o celular como se fosse um órgão do corpo, estão sempre conectadas a ele. Isso faz gente legal parecer muito mal-educada, pois acaba interrompendo refeições e reuniões para atendê-lo e fala alto e em qualquer lugar, além de submeter os amigos àquelas musiquinhas sem graça.

Olha só como você pode fazê-lo funcionar como um aliado.

Dicas:

- Não atenda o telefone enquanto estiver em reunião, é falta de educação com os outros participantes. Se a reunião for entre você e apenas mais uma pessoa, pior ainda, pois sua atenção deve estar totalmente voltada para ela. Deixe no modo silencioso e retorne depois.

- Sempre que ligar para um celular, pergunte antes se a pessoa pode falar antes de começar a conversa.

- Use sempre um tom de voz baixo para falar ao telefone, principalmente se o assunto for particular. E seja breve!

- Não atenda o celular no elevador. As pessoas não devem ser constrangidas a compartilhar seus assuntos pessoais ou profissionais sem ter como escolher.

- Se você for à igreja, teatro ou cinema, não esqueça de deixar o celular no modo silencioso. Sua vó está no hospital e você precisa atender se precisarem falar com você? Então, deixe para ir ao cinema quando a velhinha receber alta!

- Cuidado com os *ringtones* engraçadinhos. Já pensou, você conversando com um cliente importante sobre um assunto delicado e de repente o seu telefone começa a gargalhar?

- Se você atendeu o telefone de um colega da mesa ao lado, ofereça-se para ajudar e anotar o recado. Não diga que a pessoa *"ainda não chegou"*, *"já saiu"* ou que *"ela está no banheiro"*. Diga que ela está em reunião (pode ser externa) e pronto.

Can you speak English?

Falar outra língua, além de extremamente útil, é também uma maneira de você exercitar o cérebro usando outras construções e outras estruturas para se expressar. A tradução nunca é literal, então, para se fazer entender sem dúvidas, é preciso que você pense na língua em que está falando. Não consigo imaginar melhor "ginástica" para os neurônios. O seu mundo fica maior, sua possibilidade de adquirir mais cultura multiplica-se, sua capacidade de se expressar potencializa-se.

Se você tem a oportunidade de aprender outra língua, não a perca de jeito nenhum. Se você não teve muitas chances de aprender, dê um jeito de correr atrás e adquirir esse conhecimento de alguma forma. Hoje, com a Internet, é tudo mais acessível. Você pode conhecer alguém bacana com a ajuda de alguma rede de relacionamento e depois falar com essa pessoa pelo Skype.

Outra dica é visitar o site da BBC de Londres[3]. Eles têm cursos de inglês a distância completamente gratuitos. E mesmo que você não converse em inglês, por favor, pelo menos leia nessa língua. Senão, você vai perder uma parte significativa do conhecimento escrito disponível no mundo. Pense bem, isso não é pouco. Qualquer que seja a área de conhecimento que você escolha estudar, sempre haverá mais referências em inglês do que em outras línguas.

Mas não deixe de fora outros idiomas importantes como, por exemplo, espanhol, italiano, francês, alemão e até mandarim. Ter contato com todas essas culturas é um tesouro inestimável para a formação de qualquer ser humano.

HAPPY BIRTHDAY

???

HELLO! BETWEEN, MY WELL!*

*Ele pensa que está dizendo: "OI! ENTRE, MEU BEM!"

---

3 Acesse: <http://www.bbc.co.uk/portuguese/learningenglish>

OLÁ, MUITO PRAZER! SOU A DRA. MARIA, DIRETORA DE RELAÇÕES INSTITUCIONAIS PARA A AMÉRICA LATINA E CARIBE.

3

Não basta ser, tem que também parecer!

Com que roupa?

Dia desses, vi-me envolvida numa discussão sobre se as pessoas devem ou não ser julgadas pela roupa que vestem e se a empresa pode recusar ou contratar um candidato com base na sua vestimenta no dia da entrevista.

Bom, a roupa é uma ferramenta de comunicação como outra qualquer. Roland Barthes, famoso e respeitado filósofo que dedicou boa parte de sua vida ao estudo da semiologia (o estudo dos signos e seus significados) chegou a escrever um livro inteiro sobre o assunto chamado *"O Sistema da moda"*. Ele dizia que ninguém se veste impunemente.

O ato de vestir, em nossa sociedade, é cuidadosamente codificado.

A roupa diz muito sobre a pessoa. E não tem nada a ver com o poder aquisitivo. Uma das pessoas mais elegantes e bem vestidas que já conheci foi uma faxineira numa das empresas onde trabalhei. Ela estava sempre ereta, com o uniforme impecável, uma leve maquiagem e as mãos sempre feitas! O profissionalismo que essa mulher transmitia excedia a qualquer concorrente. E quantas mulheres riquíssimas que você conhece que parecem um espantalho de exagero e mau gosto?

Quando um designer gráfico, uma pessoa essencialmente visual, vai a uma entrevista com roupas que não combinam entre si, dá para desconfiar da sua competência, da sua cultura visual. Se ele não tem "olho" para perceber a dissonância, o desequilíbrio, a disparidade entre as cores, como é que vai dar para confiar no trabalho que ele vai fazer? Se ele não se incomoda com o ruído visual, com o feio, com a falta de sintonia, então, ainda não está maduro. As pessoas não são modulares. Elas são inteiras. Ou têm "olho", ou não têm. E como eu disse antes, não tem nada a ver com o poder aquisitivo nem com estilo. Há roupas de marca, caríssimas, horrorosas. E camisetas de balaio bem charmosas.

Quando um ator de televisão aparece em um casamento de celebridades vestido com um jeans rasgado e chinelos, de maneira alguma isso significa que ele não liga para roupas. Ele liga muito, e a tal ponto que precisa desesperadamente se diferenciar dos outros usando esse recurso. Se ele vestisse um terno como todos os outros convidados, estaria prestando uma homenagem aos noivos (*"eu nunca visto terno e odeio gravatas! Só mesmo o meu grande amigo Fulano é capaz de fazer valer tal sacrifício"*), mas sumiria na multidão. Ele se veste de maneira inadequada e a mensagem a ser lida é: *"Estou pouco me lixando para o meu amigo Fulano. O meu jeito de ser e as minhas opiniões são mais importantes que tudo!"*

Como a roupa tem códigos, com certeza há linguagens e vocabulários específicos para cada ocasião.

Se quero ser desejada, vou a uma festa com um vestido curto e sensual. Mas no trabalho, se quero que a mensagem principal seja: *"vejam como sou competente"*, não dá para usar o mesmo vestido. Ele está *"berrando"* uma mensagem diferente.

Se vou visitar um cliente e sei de antemão que ele é formal e conservador, o que custa tirar os piercings mais visíveis? Não se trata de fingir ser quem você não é. Trata-se de adequar a linguagem à situação. Com certeza, numa mesa de bar, depois de 3 cervejas, com amigos de infância, você não usa o mesmo vocabulário que numa reunião de diretoria, não é? A sua atitude também é diferente.

No bar, você pode sentar de maneira relaxada, com as pernas esticadas. Pode até colocar o pé em cima de uma cadeira, dependendo do lugar. Numa reunião de negócios, jamais.

Qual o problema em adequar a atitude, roupa, linguagem à cada situação? Isso mostra que você domina bem as ferramentas de comunicação e tem sensibilidade para verificar o contexto e se adaptar.

Você não sai falando alemão num encontro onde está todo mundo conversando em chinês. Com a roupa é a mesma coisa.

Os atributos essenciais da pessoa não são alterados pela roupa. Mas podem ser muito bem traduzidos por ela. E os atributos essenciais importantíssimos para um profissional são a flexibilidade, capacidade de adequação, empatia, facilidade de comunicação, sensibilidade para interpretar contextos e domínio das linguagens.

Assim, quando uma empresa dispensa uma candidata a gerente de negócios porque ela foi à entrevista com a lingerie preta e pink aparecendo no profundo decote, não é porque os examinadores são caretas e moralistas. É porque ela não tem domínio sobre a linguagem, não sabe se comunicar. Não possui um atributo essencial, que é a capacidade de entender o cliente e falar a linguagem dele para ser melhor entendida.

Ela acha que o seu jeito sensual de ser é mais importante que tudo. É uma *"sem noção"*. Não dá mesmo para contratar.

Você quer seguir a carreira de advogado, mas odeia andar de terno? É hora de avaliar suas escolhas agora ou você pode correr o risco de passar a vida torturando-se, contando os dias para as férias chegarem. O trabalho ocupa uma parte muito grande do nosso dia, então, é melhor que a gente goste e se divirta nele.

Entrevista

Beleza, você foi selecionado para uma entrevista. E agora? Bom, primeiro cuide da roupa. Siga estes passos:

Estude a empresa onde você vai fazer a entrevista de emprego ou estágio: ela é mais conservadora ou é uma agência de criação cheia de gente excêntrica? Você se vê trabalhando lá? Vai se sentir à vontade com essas pessoas?

"A roupa deve comunicar o cargo da pessoa", Glória Kalil

Se a empresa é mais **conservadora**, deixe fora de vista os piercings e as tatuagens mais chamativos, se você tiver. Tente ser discreto. Em qualquer dos casos, cuide para que a sua roupa não esteja suja ou amassada — mostre o seu melhor. O formalismo da sua roupa vai depender muito do cargo. Se você quer ser estagiário, uma calça jeans legal (não rasgada) e uma camiseta discreta resolvem. Para meninas, o jeans também vai bem (mas evitem decotes, saias curtas e estampas chamativas). Se for um emprego com mais responsabilidade (e visibilidade), aí talvez seja preciso caprichar um pouco mais (talvez até um terno ou blazer, dependendo do cargo e da empresa). Para os meninos, barba feita sempre, além de cabelo penteado. Para as meninas, maquiagem leve e cabelos arrumados também. Mas atenção: você tem que se sentir à vontade com a roupa, senão, estraga toda a sua naturalidade na entrevista. Bom senso é importante nessa hora.

Se a empresa é mais **ousada** e informal, observe como as pessoas costumam se vestir-se. Se você é naturalmente discreto, não precisa pintar o cabelo de azul só para combinar. Seja você mesmo. A diferença é que neste caso você pode relaxar um pouco mais com as formalidades do vestir.

Independentemente do perfil da empresa, é importante que você faça uma pesquisa sobre ela antes da entrevista. Quanto mais você souber sobre a instituição, mais vai demonstrar interesse e mais vai entender como se encaixar na estrutura.

Outra coisa que você precisa ficar ciente é que, assim como você estuda a empresa antes da entrevista, seus possíveis empregadores provavelmente vão *"dar um google"* no seu nome também. Candidatos que costumam fazer parte de comunidades no Orkut como *"odeio o meu chefe"*, *"odeio trabalhar segunda-feira"* ou *"odeio acordar cedo"* não têm grandes chances nessa hora. Fotos de biquíni ou poses provocantes também não ajudam muito.

Não vá para a entrevista de mãos abanando. Mesmo que o seu currículo já tenha sido enviado por e-mail, não custa levar mais uma cópia e seu portfólio, dependendo da área.

Dicas:

- Cabelos penteados, unhas limpas, roupas passadas, barba feita (para os homens) e uma leve maquiagem (para as mulheres) mostram que a pessoa se cuida e dá boa impressão.

- Meninas, deixem os decotes profundos, transparências, brilhos, roupas muito justas e curtas para a balada. Trabalhar vestidas assim só prejudica a carreira.

- Bermudas não combinam com ambientes formais. A não ser que você trabalhe com moda ou num lugar muito descontraído, é bom evitar.

- Moletons são uma delícia para ficar em casa ou caminhar no parque. Mas para trabalhar não dá, né?

- Barriga de fora só se você estiver trabalhando num bar de praia. Nos outros lugares, melhor não arriscar, mesmo que esteja "podendo"...

- Se o lugar é mais conservador, os rapazes devem usar a camisa para dentro da calça e com cinto.

- Atenção: Não vá trabalhar com a camiseta do seu time de futebol, mesmo que ele tenha ganho o campeonato. Já pensou se justamente nesse dia você tem que negociar com um cliente que torce para o time que perdeu? Além disso, não há como ficar elegante e transmitir credibilidade vestido assim. A não ser que você trabalhe no clube...

- Cuidado com estampas e acessórios chamativos. Desvia a atenção de você para a sua roupa.

- Perfumes devem ser usados com muito comedimento.

Currículo bacana

Mais tarde, vamos falar do conteúdo do seu currículo. Agora, vamos concentrar-nos na forma como você comunica as suas competências.

Para que serve um currículo? Não é para mostrar as suas qualificações e motivar alguém a entrevistá-lo? Então, em que o seu CPF e curso de francês que durou só uma semana, podem ajudá-lo?

Os Currículos não devem ter mais que duas páginas e servem para resumir o que você tem de melhor, não para encher linguiça e testar a paciência de quem quer contratá-lo.

Num espaço tão pequeno, não tem lugar para colocar informações que não acrescentam nada para quem quer conhecer você. Então, não precisa colocar o número dos seus documentos (se você for selecionado, eles pedem isso depois); também não interessa a sua foto ou descrição física (a não ser que seja uma agência de modelos, mas, aí, eles vão pedir o *book*); se você fez um curso de alemão, mas detestou e não consegue nem contar até 10 nessa língua, para que falar no assunto?

Cuide do português, dos alinhamentos, da pontuação e das maiúsculas e minúsculas. Você pode pedir a ajuda de algum professor ou colega para revisar, se estiver em dúvida.

Vamos, então, pela hierarquia. Qual é a informação **mais importante** do seu currículo? Seu **nome**, claro. Portanto ele tem que aparecer maior e mais destacado (e não *curriculum vitae*, como fazem alguns — é claro que esse documento, pelo formato, só pode ser um currículo — então, essa informação é dispensável).

Qual a **segunda informação** mais importante? Como vou **encontrar você**, caso me interesse pelo seu currículo. Neste caso, coloque o endereço, telefones e e-mail.

Atenção para o e-mail: não é nem um pouco profissional colocar apelidos bobinhos no endereço. Criar contas de e-mail é grátis, então use um para seus contatos profissionais e outro para trocar piadas com a galera. Assim, em vez de lili2009@hotmail.com ou tutinha_fofo@gmail.com, prefira lilian.silva@hotmail.com e tulio.alves@gmail.com.

Ah, por mais óbvio que possa parecer, não custa lembrar: **JAMAIS** use o endereço de e-mail da empresa onde você trabalha no seu currículo (mesmo que seja só para enviá-lo), principalmente se você estiver procurando outro emprego. **Pega muito mal mesmo!**

Atenção aos detalhes: o espaço é pequeno, então dispense as palavras inúteis. Para que a sigla CEP? E a abreviatura de telefone ou celular? Será que alguém corre o risco de confundir ou não entender algum desses números?

Bom, agora vêm os outros itens: onde e o que você estudou, se fala línguas, os projetos dos quais já participou e onde já trabalhou (se for o caso), se tem um blog ou site dedicado a algum assunto e todo o mais que puder acrescentar ao seu perfil.

Se a sua área for moda, design, publicidade, fotografia ou artes, convém ter também um portfólio com uma amostra de seus trabalhos (mesmo que sejam apenas os de aula — por isso, capriche!). Se for jornalista, alguns textos impressos e bem diagramados também ajudam a formar uma opinião.

Não se esqueça de datar e assinar o currículo. Ele é um documento pessoal e com prazo de validade.

Se você vai enviar seu currículo por e-mail, **não envie em formato aberto** (aquele que a pessoa pode alterar) do tipo Word.

> PARA FACILITAR, EU INCLUÍ NO MEU CURRÍCULO A ÁRVORE GENEALÓGICA DA MINHA FAMÍLIA ATÉ 8 GERAÇÕES, A CÓPIA DOS MEUS CADERNOS ESCOLARES, TODAS AS REDAÇÕES DE FÉRIAS, OS EXERCÍCIOS DO MEU CURSINHO DE INGLÊS E O ARQUIVO GOOGLEMAPS DO MEU ENDEREÇO.

No melhor dos casos, ele pode chegar totalmente bagunçado, com parágrafos misturados e coisas assim, além de estar sujeito a transmitir vírus. Prefira o formato PDF, padrão da Adobe[3] especialmente desenvolvido para a troca de documentos na web.

Ah, e cuidado com o **tamanho do arquivo**. Lembre-se de que a pessoa que vai receber o seu currículo também recebe muitos outros documentos e é falta de educação ficar entupindo a caixa postal dos outros com arquivos que só interessam a nós. Nada de mandar 1 MB!

Se você quer mostrar também o seu portfólio, um jeito elegante é enviar apenas um link para um blog ou um site criado por você. Há várias maneiras de fazer isso de graça e você vai aprender bastante desenvolvendo essa tarefa. Se não for sua prioridade, peça ajuda a um amigo, mas não envie arquivos grandes para desconhecidos, por favor!

Se você vai enviar o seu **currículo impresso** (ou melhor ainda, entregá-lo em mãos na entrevista), segue uma dica preciosa: imprima o documento num papel mais grosso (você pode aproveitar a frente e o verso — assim fica tudo numa folha só, não precisa grampear). Melhor que ele não seja totalmente branco (pode ser uma cor bem clarinha, que você goste). É legal porque, numa pilha, certamente seu currículo vai chamar atenção e se destacar, sem ser escandaloso. Segue um modelo simples e bacana.

---

[3] Se você não tiver o programa que converte o arquivo Word para o formato PDF, vá a esse endereço e baixe uma versão gratuita: www.pdf995.com

Bruna Ferreira

Rua Abc, 328 Itacorubi
88037-000 Florianópolis, SC
bruna.ferraz@gmail.com | www.brunaferraz.com.br
(48) 3333-0000 | 8400-0000

Cargo pretendido: estagiária em modelagem.

Formação acadêmica
[2006 — atual] Graduação em Design de Moda | UDESC (Universidade do Estado de Santa Catarina). Cursando atualmente o 5º período.
[2002 — 2005] Ensino Médio | Escola Americana de Mauá.

Formação complementar
[2007] Curso de História da Arte (12 h). Casa da Cultura. Rio de Janeiro, RJ.
[2007] Curso de Ilustração de Moda (30 h). Centro de Artes de São José, SC.
[2006] Curso de Photoshop (25 h). SENAC, Florianópolis, SC.

Línguas
Espanhol: Fala, lê e escreve (pai argentino, já fez várias viagens ao país).
Inglês: Lê e escreve (costuma ler livros e revistas de moda no original).

Experiência profissional
[2007] Monitora da disciplina de Aviamentos (2 semestres).
[2006] Balconista em uma loja de tecidos (6 h/dia por 4 meses).

Outras atividades/prêmios
- Mantém um blog sobre história da moda desde 2006 (www.blogspot.historiadamoda.com) com média de 120 visitas/dia.
- Prêmio de melhor croqui na Semana Acadêmica de Moda 2006.

Bruna Ferreira

Florianópolis, 20 de janeiro de 2009.

Cartão de visitas

Mesmo que você esteja em início de carreira ou ainda não tenha terminado o seu curso, já pode ter um cartão de visitas para oferecer a algum contato interessante, potenciais clientes ou futuros parceiros.

Se você já se formou, pode colocar o título abaixo do seu nome, senão, pode deixar em branco ou colocar a área em que você tem interesse ou faz trabalhos como *freelancer*, por exemplo. Às vezes, você sabe que alguém tem competência para fazer alguma coisa e não contata a pessoa só porque não tem como encontrá-la. O cartão serve justamente para isso.

Dicas:

- Não imprima seu cartão em casa. Gráficas expressas não cobram caro e o resultado é mais profissional.

- Jamais use impressora jato de tinta para essa tarefa. O suor da mão pode destruir o seu cartão; ele vai ficar horrível.

- Não use folhas com microsserrilhas para destacar. O acabamento fica péssimo e parece que o cartão foi feito no fundo do quintal.

- Prefira o padrão internacional de tamanho, que cabe em qualquer carteira. É o tamanho de um cartão de crédito (85 mm x 55 mm).

Se você não é designer ou não tem um amigo nessa área para lhe ajudar, não se arrisque com malabarismos gráficos.

Coloque apenas seu nome, e-mail (e site/blog, se tiver) e telefones para contato. Sem imagens, fundos, estampas, nem letras rebuscadas, por favor. Seguem alguns exemplos de cartões de visita que não vão fazer você passar vergonha em lugar nenhum.

Pedro de Souza
grafitte & ilustrações

pedro@pedrografitte.com.br
www.pedrografitte.com.br
(48) 3333-0000 | 8888-9999

Flora Albuquerque
literaturabrasileira.wordpress.com

flora.albuquerque@gmail.com
(48) 3333-0000 | 8888-9999

Gustavo da Silva
administrador de empresas

gustavo.da.silva@gmail.com
(48) 3333-0000 | 8888-9999

Para o pessoal da carreira solo

Vender não é para amadores, mas vender consultoria, cursos, projetos e serviços (design, arquitetura, engenharia, propaganda, odontologia, gastronomia) é uma tarefa quase divina. Quer ver?

Primeiro, vamos às definições. Segundo o papa do marketing, Philip Kotler, **produto é tudo aquilo que atende às necessidades dos clientes**. Então, podemos considerar serviços como produtos também, só que intangíveis (não se pode tocar). Isso sabido, vamos combinar que aqui vou usar produto para me referir a objetos tangíveis e serviços para intangíveis, só para simplificar, ok?

Pois, então. Quando você compra um produto, pode apalpar, cheirar, olhar bem de pertinho, apertar botões (se tiver) e todo o mais. Pode comparar com similares, pesquisar preços e marcas.

Para os serviços, não é assim. O profissional não tem como fazer o trabalho antes de ser contratado, o cliente não sabe como vai ficar antes de fechar o negócio e espera um tempo até que o tal serviço seja entregue.

Olha só que coisa mais apavorante: você não tem como ter certeza do resultado antes de fechar o negócio.

Se você contrata um dentista, ele pode destruir toda a sua boca; um pedreiro pode transformar seu lar-doce-lar na própria materialização do caos por meses; um designer pode não entregar os folders antes de você viajar para uma reunião importante e estragar um negócio promissor.

Mesmo que você consiga renegociar, alguns prejuízos são irreparáveis e o tempo perdido não volta mais.

Em serviços, não dá para separar o trabalho da pessoa que o executa; já em produtos físicos, ninguém se interessa em saber o nome dos operários que montaram uma determinada geladeira, até porque isso não faz a menor diferença. Há ainda outro complicador: não dá para estocar serviços e usá-los no futuro, quando tiver demanda.

Além disso, os serviços dependem das circunstâncias (o cara que você contratou pode ficar doente, fugir com a namorada que ganhou na megassena ou até mesmo morrer, veja só).

Os serviços também são fortemente sujeitos à atitude do cliente (o profissional pode ser um verdadeiro modelo de competência, mas, às vezes, o cliente é um Shrek metido a artista ou um Garfield em eterna segunda-feira).

Tem também a questão da comunicação, pois, se não há afinidade, as partes não conseguem entender-se, por mais que se esforcem.

Por essas e outras é que o marketing pessoal é importantíssimo para todo mundo, mas uma questão de vida ou morte para quem vende serviços.

E, atenção, marketing pessoal nada tem a ver com exibicionismo.

Se você ficar quietinho em casa, fazendo o melhor estilo *low-profile*, é capaz de falir antes que o mundo em geral e potenciais clientes em particular desconfiem que você esteve sobre a Terra. Mas note que se uma arquiteta posar nua e virar celebridade, é difícil que consiga dar a ênfase necessária à sua competência técnica. Por isso, é preciso ter foco nas atitudes que mostrem o valor do serviço que se quer vender e na forma como são divulgadas.

Para que um cliente possa formar uma opinião sobre quem está contratando, tudo conta: o nome do escritório ou do profissional (não dá para contratar o Zé Cobaia para fazer o projeto da sua casa dos sonhos, né?); os gestos e a postura; a voz e o vocabulário; o currículo e o portfólio do sujeito; o estilo e o caráter.

Tem também a questão da acessibilidade. Não adianta o figura ser tudo de bom e nunca responder e-mails, telefonemas ou recados.

Juntando tudo isso, não podemos nos esquecer da principal referência para a contratação de serviços: o insubstituível e inestimável boca-a-boca.

Clientes satisfeitos falam bastante, mas os insatisfeitos são verdadeiras matracas descontroladas.

Apesar de tudo, por mais que se saiba e se estude sobre o marketing de serviços, uma coisa é certa: nunca se pode saber com certeza o que se vai receber depois de contratar um serviço, o cliente pode apenas acreditar e rezar para que tudo dê certo.

Como se pode ver, um ato da mais pura fé. Por isso, meu caro, se você vende serviços, cuide para que os fiéis nunca se decepcionem. No céu só tem lugar para os muito bons.

Queimando o filme

Poucas pessoas dão esse toque para a gente, mas às vezes a gente queima o filme na escola ou no trabalho por causa de detalhes dos quais nem se dá conta. Fiz uma lista de coisas que não são legais e que fazem perder pontos com os amigos, professores, colegas e com o chefe. Assinale aquelas que você faz e veja se não está na hora de rever alguns pontos do seu comportamento.

[ ] Faz fofoca ou fala mal de alguém conhecido na frente dos outros (é a maior "trairagem": se você não tem nada de bom para falar sobre alguém, melhor não dizer nada).

[ ] Pega coisas e se esquece de devolver (é horrível emprestar e depois ter que ficar pedindo porque a pessoa não se tocou).

[ ] Fala alto demais (o ambiente de trabalho fica impossível se todo mundo resolver ganhar espaço no grito).

[ ] Passa o dia inteiro pendurado no telefone resolvendo assuntos pessoais.

[ ] Senta-se de qualquer jeito, com as pernas abertas e cara de quem não está nem aí (imagine-se contratando alguém que não demonstra ter nenhuma consideração por você. É legal?)

[ ] "Enrola" na escola ou no trabalho (você pode achar que não, mas **todo mundo percebe**).

[ ] Limita-se a fazer apenas e somente aquilo que foi pedido, nada mais (não tem nenhum problema, a não ser que o chefe vai achar que você não pensa, só faz o que mandam. Dificilmente você vai ganhar responsabilidades maiores agindo assim).

[ ] Não se interessa em aprender mais (quem acha que já aprendeu tudo o que precisava tem que estar ciente de que a vida profissional também vai parar aí mesmo. Alguém quer aposentar-se como estagiário?).

[ ] Toma totalmente para si o mérito de um trabalho para o qual várias pessoas contribuíram, só para fazer média com o chefe (você gostaria que fizessem isso com você?).

[ ] Usa os recursos da empresa (métodos, tecnologias, contatos, telefones, computadores, impressoras, copiadoras, faxes) para fins particulares.

[ ] Chama os colegas por apelidos íntimos na frente dos clientes ou do chefe.

[ ] Está sempre de mau humor e reclama de tudo (principalmente quando o seu time perde).

[ ] Acha que a empresa pode fechar se você sair.

[ ] Tem um repertório variado de palavrões e sempre o utiliza, independentemente da situação.

[ ] Adora um lugar comum, daqueles que constrange as pessoas do tipo "não fala mais com os pobres?".

[ ] Curte ficar batendo papo perto de portas ou lugares de passagem, o que atrapalha a vida das pessoas que precisam passar.

[ ] Seu assunto predileto é dinheiro (ou porque está sempre faltando ou porque tem bastante para esnobar). Sabe o salário de todo o mundo na empresa.

[ ] É sempre o último a chegar a uma reunião. Frequentemente faz as pessoas esperarem por você.

[ ] Não consegue falar uma frase inteira (em português) sem usar pelo menos uma palavra em inglês, *did you get it*?

[ ] Vive pedindo favores e nunca se lembra de agradecer.

[ ] Gosta de assobiar, cantar baixinho ou batucar enquanto trabalha.

Assim é legal

Mas tem atitudes que podem somar pontos. Só não vale fazer teatrinho — tem que vir de dentro, senão você vai acabar cansando-se e colocando tudo a perder. Marque as coisas que você já faz e pense sobre as outras.

[ ] Sabe ouvir e presta atenção quando a outra pessoa está falando (parece simples, mas é uma das virtudes mais raras de encontrar hoje).

[ ] Faz tudo com capricho, da melhor maneira que consegue (é tudo de bom alguém que cuida sempre dos detalhes, né?).

[ ] Cumpre a palavra; se prometeu que vai entregar, entrega mesmo (uma pessoa assim dá para confiar, a gente sabe que não vai ficar na mão).

[ ] Gosta de aprender, mesmo que o assunto não esteja diretamente relacionado com o trabalho (quanto mais a gente aprende, mais a nossa visão se amplia — e mais ferramentas a gente tem para lidar com os problemas).

[ ] Usa sempre as palavrinhas mágicas: "obrigada", "por favor", "desculpe", "com licença", "bom dia/tarde/noite". Gente bem educada faz o mundo ficar mais civilizado, você não acha?

[ ] Tem boa vontade e não faz "corpo mole" para fazer um trabalho ou ajudar um colega (é claro que também não precisa ficar carregando todo mundo nas costas, mas nada pior do que ouvir *"não é minha função"*).

[ ] Faz elogios sinceros em público e critica somente em particular, em conversa com a própria pessoa.

[ ] Cumprimenta as pessoas quando chega e vai embora, do porteiro ao presidente. Trata todo mundo com igual respeito.

[ ] Só faz uma reclamação quando já tem uma proposta de solução em mente. Quem reclama só por reclamar, vira um chato e não contribui para melhorar nada.

[ ] Sempre compartilha o que sabe (isso não é generosidade; é inteligência).

[ ] Está sempre cheiroso(a) sem excessos. É gostoso trabalhar ao seu lado.

[ ] É sempre a alma caridosa que avisa discretamente para o amigo que a braguilha está aberta ou que tem um elemento verde entre seus dentes.

[ ] Esquece os segredos assim que termina de ouvi-los.

[ ] Usa um tom de voz baixo, mas audível.

[ ] Nunca se esquece de agradecer os favores.

[ ] Elogia o trabalho bem feito e o talento (real) dos colegas em situações públicas (ou na frente do chefe e de clientes) toda vez que há oportunidade.

[ ] Valoriza publicamente a participação de cada membro da equipe em um trabalho (cita nomes sempre que possível).

[ ] Costuma vestir-se de maneira a sempre estar pronto para receber uma visita inesperada ou fazer uma apresentação para um cliente importante.

[ ] Não tem dificuldade em pedir desculpas quando necessário.

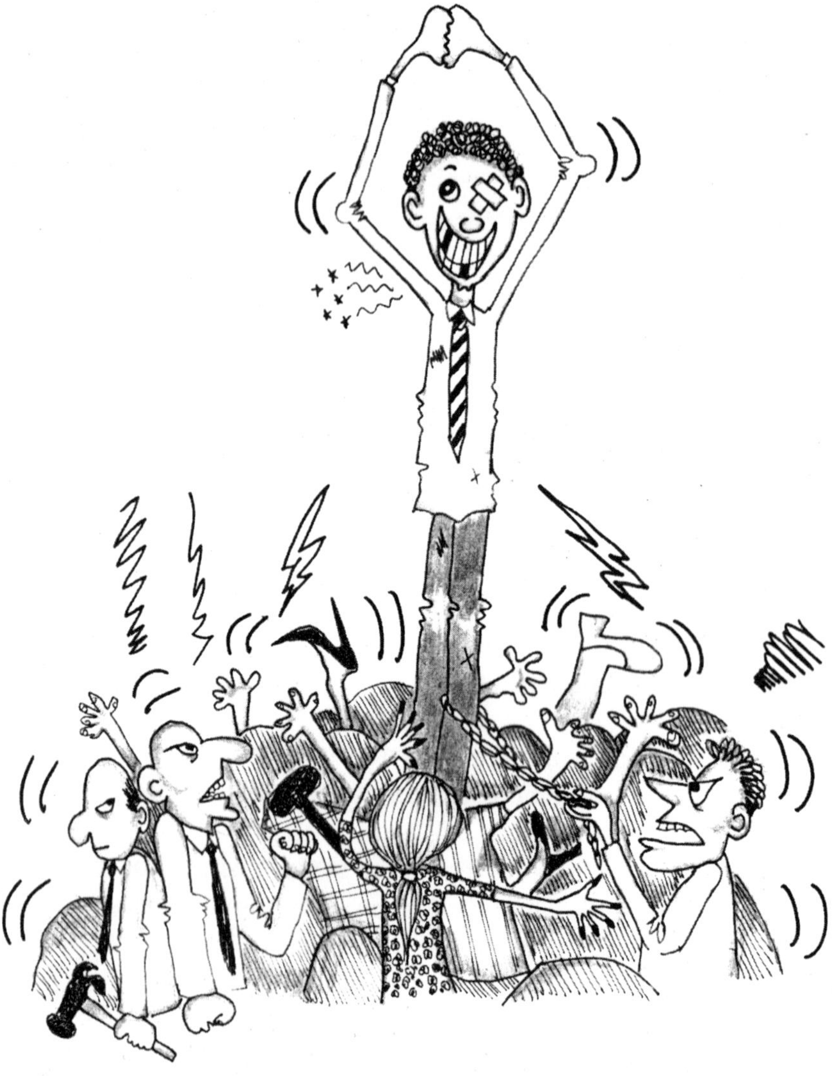

4

O importante não é competir... é cooperar!

No pódio só tem lugar para um

A gente acaba sendo educado para ser o melhor de todos, para ser "bem-sucedido", para ser o "top". Na nossa cultura competitiva, o mundo é como uma olimpíada gigante: um monte de gente se esfalfando para estar entre os primeiros, muitos extrapolando o seu limite para estar no degrau mais alto do pódio e ganhar uma medalha (na vida real, talvez um cargo de presidente de algum grupo líder de mercado). Só que, assim como nas olimpíadas, nem sempre ganhar a medalha implica em ter necessariamente o melhor desempenho esportivo. Também é preciso ter tido as oportunidade e tê-las aproveitado; também é preciso ter controle emocional e apoio, além, é claro, de um tanto assim de sorte (às vezes, o melhor de verdade erra ou não acorda num bom dia).

O fato é que tudo isso é muito desgastante e pouco divertido. No afã de ficar em primeiro, a pessoa acaba perdendo seus amigos, o contato com a família e, alguns, até a saúde. Sem falar que o pódio é um lugar solitário, só tem lugar para um. Fica um monte de gente embaixo torcendo para você errar e cair. Como é que isso pode ser legal?

Não é mais interessante quando mais gente ganha? Quando a gente leva amigos para o pódio também?

O tal do público-alvo

Falando em competição, os esportes e a guerra são frequentemente usados como metáforas no mundo corporativo. E metáforas são mesmo tudo de bom. Elas transferem o sentido original de uma palavra para um novo contexto e, com isso, contribuem muito para a gente se expressar de forma mais didática, organizar melhor os pensamentos e entender com mais clareza nosso tresloucado mundo. Ela se aproveita de idéias conhecidas e familiares para introduzir outras, mais novas e originais. Há que se ter muita cultura e criatividade para dominar essa arte e não é à toa que a gente encontra verdadeiros mestres do riscado entre os maiores filósofos.

Os profissionais de marketing e os homens de negócios, que não são bobos nem nada, vivem explorando as amplas possibilidades dessa poderosa ferramenta. Só que num mundo mergulhado em testosterona, acabam apelando para o esperados e manjados conflitos e disputas como figura de linguagem. Independentemente de todos os méritos da obra *"A arte da guerra"*, do lendário Sun Tzu, não gosto da metáfora. Mesmo tendo inspirado tanta gente boa e servindo de referência até hoje, ainda me incomodo com esse jeito de pensar. Acho exageradamente belicoso e o mundo já tem esse ingrediente em excesso.

O uso constante da metáfora da guerra acaba por provocar esses tratamentos brutais aos quais a gente é submetido todo dia por empresas que se dizem preocupadas conosco.

Mas também, o que esperar de alguém que quer nos atingir-nos, que nos considera apenas um alvo?

Alvo não interage, é passivo. Fica quieto, só esperando ser espetado ou furado. Ninguém respeita o alvo; ele está lá só como exercício, para contar pontos na competição, para somente um ganhar e todos os outros perderem. Alvo é bidimensional, sem nenhum refinamento ou originalidade. Ninguém quer saber o que o alvo pensa, sente ou quer. É cruel e de mau gosto.

Não sei quanto a vocês, mas eu detesto ser vista e tratada como alvo. Precisamos urgentemente de novas idéias.

Aliás, tenho até uma sugestão a dar.

Que tal se em vez de **público-alvo**, a gente usasse uma metáfora mais parecida com a maneira como a empresa quer (ou diz que quer) tratar o seu cliente?

Simplificaria muito mais os planejamentos, pois o grau de intimidade e atenção que se daria ao freguês ficaria mais definido: teríamos o público-pretê, o público-ficante, o público-namorado, o público-apaixonado, o público-comprometido, o público-pra-casar, o público-amigo-de-infância, o público-colega-de-aula, o público-casinho, o público-conhecido-de-vista, o público-confidente, o público-vizinho-de-porta, o público-amante, o público-saï-pra-lá, o público-só-por-uma-noite, e mais uma infinita gama de ricas possibilidades.

A metáfora da guerra, além de simplista, está datada.

Que atingir o mercado, que nada. Vamos seduzi-lo, encantá-lo, atraí-lo, até mesmo desencaminhá-lo, mas jamais pela força bruta. Alvos são para meninos crescidos brincarem. Já a sedução, vocês sabem, é para gente grande.

Então, penso que um bom começo na sua vida profissional é deixar de lado essa mania de competição, as metáforas da guerra, o hábito de desconfiar de todo mundo e abordar a questão de um jeito mais cooperativo, mais humano, mais conciliador. Todo mundo vai ganhar, pode ter certeza.

E não pense que é romantismo barato não! Até gigantes multinacionais como a Apple e a Intel, teoricamente inimigas de morte, uniram-se em ações conjuntas, como no caso do processador CoreDuo. E a prática está cada vez mais comum. O pessoal já se deu conta de que o concorrente mais ferrenho pode ser o melhor aliado em algumas situações. Pense nisso!

Aprenda a compartilhar!

Uma vez um amigo se surpreendeu com o fato das minhas aulas estarem disponíveis no meu site, com transparências, bibliografia e tudo mais, para quem quisesse usar. Um professor também me perguntou se eu iria colocar o texto completo da minha tese na Internet (alertou-me de que alguém poderia copiá-lo).

Resposta para as duas questões: o mundo inteiro está na Internet, não há informação que possa gabar-se de estar em segurança.

Tomara mesmo que muita gente copie, assim o trabalho vai ter valido a pena e um monte de gente vai poder usá-lo. Para que guardar esses arquivos todos no meu armário? Isso não faz mesmo nenhum sentido. Para que esconder e guardar informações? Principalmente se o objetivo é divulgá-las, compartilhá-las com o máximo de pessoas possível...

Houve um tempo em que as pessoas acreditavam que seu talento e valor residiam no que só elas sabiam, naquilo que guardavam trancado a chave na gaveta do escritório. Tinham a ilusão de que a seção, o departamento, a empresa, o mundo, tudo pararia se elas se recusassem a abrir a gaveta. A garantia do seu emprego estava lá dentro, guardadinha.

Ainda bem que o mundo mudou (se bem que algumas poucas pessoas ainda não perceberam). Hoje, as empresas não contratam mais quem não sabe trabalhar em equipe e tem o nefasto hábito de trancar gavetas. Na época pré-Internet, talvez até essa pudesse ser uma estratégia válida de sobrevivência, inclusive muito popular.

Hoje, não há mais gavetas trancadas em nenhum lugar do mundo. Pelo menos não para sempre.

E as pessoas têm que pensar em outra maneira de se fazerem importantes no seu ambiente de trabalho em particular e na vida de uma maneira geral. Segredos não estão mais seguros e podem ser devassados a qualquer momento. Então, o que fazer?

Primeiro: reconhecer que a gente não sabe quase nada do que há para saber. Mesmo que eu publique tudo o que sei, ainda assim é muito pouco para me fazer de importante e garantir minha sobrevivência profissional em algum lugar. Tudo o que está aqui também está ao mesmo tempo em muitos outros lugares, talvez com uma roupinha diferente. Sabe por quê? Porque são só informações e a gente vive mergulhado nelas, praticamente afogados.

Informação não é mais diferencial de nada, está ao alcance de qualquer um que tenha oportunidade e persistência para achar o que quer.

Segundo: reconhecer que sozinho não se vai a lugar nenhum. Mas se o que a gente sabe é quase nada, então, como fazer alguma coisa com isso? Ora, o óbvio. Juntar com o pouquinho que mais alguém sabe e *voilá*: pode ser que se crie algo realmente útil e até importante. Já que é impossível para um só dar conta de saber tudo o que é preciso para andar pra frente, só nos resta montar o quebra-cabeças.

Quanto mais gente inteligente e disposta a compartilhar informações a gente conhece, maior é a probabilidade de realizar um trabalho legal que faça a diferença.

Terceiro: o importante não é tanto o saber fazer, mas saber o que fazer. Ou seja, não adianta falar línguas, ter diplomas, teses, cursos e outros enfeites curriculares, se você não sabe o que quer fazer com tudo isso. Vejo gente que estudou um montão reclamando que não há emprego, que ganha mal, e que o fulano de tal que tem apenas o segundo grau incompleto está ganhando rios de dinheiro. Ora, a inteligência e a competência independem de quanto cada um estudou. Tem mais a ver com a sua visão do mundo, com a capacidade de criar novas soluções para velhos problemas, identificar oportunidades, gostar de desafios, ir à luta.

Se a pessoa não sabe o que quer fazer com o que aprendeu, isso acaba virando um fardo, um peso para carregar.

Assim, quanto mais se estuda e aprende, mais elementos se têm para criar e mudar, o que, sem dúvida, é uma vantagem — mas vale lembrar que pode ser mais útil um simples canivete para quem sabe usá-lo do que mísseis supersônicos para quem não tem idéia do seu alvo.

Dicas:

- Pare de competir e comece a enxergar seus colegas como futuros parceiros, sócios, fornecedores, funcionários, chefes e até clientes.

- Não se iluda: por mais que você estude e aprenda, seu conhecimento, sozinho, não serve para muita coisa. Ele precisa ser aliado ao conhecimento de mais alguém, para, então, fazer a diferença.

- Compartilhar o que se aprendeu só faz a gente conhecer mais gente inteligente e interessante. Guardar o pouco que se sabe no fundo do armário só serve para criar mofo.

A importância da rede de contatos

A gente já conversou no primeiro capítulo sobre a boa parte das oportunidades de negócio acontecem por indicação de conhecidos. Agora, você também já se deu conta de que é igualmente importante conhecer gente interessante, com quem se possa compartilhar conhecimentos e fazer alguma coisa diferente acontecer.

O grupo de pessoas que você conhece, seja lá por que meios for (vizinhos, parentes, colegas de aula ou de academia), chama-se **rede de contatos**. O nome "rede" é bem adequado, pois cada uma dessas pessoas também conhece um grupo diferente (com alguns pontos em comum por você) e, no final, tudo acaba entrelaçando-se, como uma rede.

Bom, assim como para ter idéias geniais é preciso ter muitas idéias, para conhecer gente legal é preciso conhecer muita gente. Não digo ser amigo de muita gente, pois isso não dá mesmo. Mas precisamos conversar um pouquinho, conhecer, ou, pelo menos, ter acesso a muitos indivíduos.

Ficar trancado em casa reclamando da vida com certeza não vai aumentar as estatísticas de gente bacana que você conhece.

Legal, mas você sai na balada e só conhece gente babaca. O que fazer? Olha, vou dizer uma coisa que é uma opinião pessoal e você pode discordar (claro), mas balada é um dos piores lugares para conhecer gente legal. Não, isso não quer dizer que só babacas frequentam baladas (que horror, vocês iriam chamar-me de velha recalcada com toda razão). Mas é que à noite, com todo aquele som alto e com as pessoas que já beberam um pouquinho (ou muito) tentando parecer sedutoras, fica difícil realmente conhecer alguém. É divertido, saudável e você pode até conhecer alguém que valha a pena, mas só vai saber mesmo no dia seguinte.

Para conhecer bons contatos profissionais, o melhor mesmo é você encontrar essas pessoas em locais que reúnam quem tem a mesma área de interesse.

Congressos, palestras, seminários e eventos do tipo podem ser uma boa oportunidade. Sempre rola um coquetel e você, é claro, não pode deixar seus cartões de visita em casa.

Se você gosta de cinema, a fila é um bom lugar para encontrar almas afins. Se você gosta de teatro, a regra é a mesma.

Está estudando gastronomia? Que tal se matricular em algum curso rápido de algum prato específico? Ou se candidatar a voluntário em algum evento beneficente?

Fazer parte de associações, clubes, confrarias e organizações do tipo poderá fazer a sua rede crescer bastante se você souber aproveitar as chances.

Ah, o mundo virtual pode dar muitas possibilidades: use as redes sociais como, por exemplo, Orkut, MySpace e outras para conversar com pessoas interessantes. Monte um blog, leia vários, faça comentários, participe de fóruns de discussão.

Pessoas mais desinibidas e motivadas, podem fazer contatos em qualquer lugar: avião, ônibus, táxi, banco, levando o cachorro para passear, e por aí vai.

Ah, e não caia no erro de achar que só mandachuvas devem fazer parte dos seus contatos. Redes poderosas incluem pintores de parede, pedreiros, jornalistas, diaristas, desempregados, artistas, taxistas, cabeleireiros, malabaristas e todas as pessoas legais que você possa incluir. Gente bacana existe em tudo que é tipo de profissão e o mundo dá voltas demais para você se dar ao luxo de ficar dispensando preciosidades.

Alguns dos meus amigos brincam comigo porque sabem que podem ligar para mim para pedir qualquer coisa: está precisando de um mecânico de confiança? Se o meu caderninho de endereços não tiver a resposta para o dilema, certamente lá vai estar escrito o nome de alguém que tem. Posso encontrar qualquer coisa com a ajuda da minha rede querida: de embalagens especiais a diagramadores; de faxineiras a placas de acrílico, não tem crise.

Aliás, falando em caderninho, uma das coisas legais em ter uma rede bem azeitada, é que você pode fazer favores aos seus amigos (participar de uma votação, indicar um arquiteto, fornecer um endereço) de um jeito divertido e sem muito esforço.

Manter uma rede de contatos é uma maneira de conhecer e conviver com gente bacana.

O chato é quando você nunca dá notícias, nunca convida ninguém para nada e só aparece quando precisa pedir alguma coisa. Chato e feio, ninguém gosta de gente assim (as pessoas percebem, viu?). Rede é para trocar, de preferência, de maneira desinteressada. Pode ser que aquela pessoa bacana nunca lhe renda um bom negócio, mas se você tiver oportunidade de aprender alguma coisa com ela ou, pelo menos, se puder rir com ela, já está valendo, e muito!

Conviva com gente que lhe faz bem, independentemente dos negócios que essas pessoas podem render-lhe.

Educação é bom...

Mas às vezes a gente perde contatos muito importantes por pura falta de educação. Quer ver?

Na correria do dia-a-dia é comum a gente cometer alguma gafe e não pensar mais no assunto. Pode parecer bobagem, mas convém tomar muito cuidado na maneira como a gente trata as pessoas. Veja se você age assim de vez em quando e veja como cada uma dessas atitudes é interpretada no mundo dos negócios.

Marcar uma reunião com alguém e deixar a pessoa esperando. Pois é. Com esse comportamento, a pessoa está demonstrando claramente para quem está tomando um chá de cadeira que tem coisas mais importantes para fazer do que atendê-lo. O tempo do visitante não vale nada e o dela é precioso. Os inseguros geralmente usam esse expediente para demonstrar poder e os desorganizados, para atrapalhar a vida alheia.

Não olhar nos olhos da pessoa com quem está conversando. Não dá para imaginar coisa pior do que tentar falar com uma pessoa sobre um assunto e ela não lhe dar a menor bola. A conversa é interrompida a toda hora para dar instruções, assinar papéis ou falar no celular (até atender a um engano é mais urgente que ouvir o interlocutor). Não conheço nenhum jeito melhor para humilhar alguém ou fazê-lo sentir-se um estorvo.

Pedir uma proposta "para ontem" e não dar nenhum retorno quando a receber. Tem gente que solicita um plano detalhado em regime de urgência, sabe que ocupou bastante tempo de quem o fez e mesmo assim, não se dá nem ao trabalho de responder que recebeu o documento. A pessoa está querendo mostrar que é tão importante e ocupada que não teve tempo de ler a mensagem. O que não explica essa estranha mania de fazer as pessoas de bobas.

Não retornar ligações de alguém que ligou uma ou várias vezes. Esse chato existe com o único intuito de atrapalhar a vida de quem trabalha. Ignorá-lo é o jeito mais eficiente de lhe comunicar isso sem deixar dúvidas. Um raro caso onde não falar nada já diz tudo o que se pensa sobre uma pessoa. O incomunicável só deve rezar para não precisar dela algum dia.

Não agradecer favores. Há gente que demanda as mais diversas coisas — pede ajuda em um trabalho, quer bibliografia sobre uma matéria, exige o esclarecimento de alguma dúvida, solicita participação em uma pesquisa, reclama o preenchimento de um questionário — quase sempre alguma tarefa que toma bastante tempo e atenção de quem vai ajudar. É como se o mundo existisse apenas para servi-lo. Para que acusar o recebimento da resposta ou até mesmo agradecer a gentileza? Gente assoberbada de responsabilidades não tem tempo para essas firulas (ela deve considerar o pessoal que faz favores como um bando de desocupados, né?).

Prometer algo e depois não cumprir. Há quem adora recolher cartões de visitas e prometer que vai entrar em contato depois ou mandar algum material. Essa gente costuma guardar os cartões em algum lugar e abandonar completamente o assunto. É claro que celebridades influentes se esquecem sempre desses detalhes. Elas não têm tempo para essas miudezas, estão preocupadas apenas com grandes realizações.

Fazer um serviço "meia boca" quando fica descontente com o preço acertado. Então, pelo que o fulano pagou, o serviço está bom demais. O que ele queria? Que competência e brilhantismo fossem desperdiçados com gente que gosta de pechinchar? A excelência e o profissionalismo de alguns estão reservados somente para quem paga bem e variam com a cara e a carteira do cliente. Qualquer semelhança com oportunismo barato não é mera coincidência.

Tratar fornecedores com displicência. É claro, quem eles pensam que são? O que importa são os clientes potenciais (os que já são "de casa" não precisam de frescuras, eles sabem como se virar). Fornecedores são meros serviçais que deviam dar graças aos céus todos os dias por terem o privilégio de vender para esses executivos tão poderosos e importantes.

Criticar os funcionários na frente dos outros. Mão-de-obra, hoje, é um problema, né? Não se pode confiar nas cabeças-de-bagre que o chefe crítico cuidadosamente selecionou, treinou e contratou. Além disso, é evidente que a empresa dele está nas mãos de gente incompetente, ele é o único cérebro que funciona lá dentro. Se não fosse a genialidade desse sujeito, a firma já teria ido para o buraco.

Receber um convite e não responder se vai ou não. Pense bem: como é que alguém consegue organizar um evento sem saber quantas pessoas vão? Ainda mais se esse evento inclui comida e bebida! Há pessoas muito desrespeitosas que, além de ignorarem o convite, ainda respondem calmamente, quando interpeladas: *"Ah, se der eu dou uma passadinha lá depois"*. Tradução: *"Estou pouco me lixando para o seu evento – se eu não tiver nada melhor para fazer, apareço para marcar presença"*.

Pois é. Esquecer-se de que as nossas atitudes traduzem quem somos e o que pensamos pode ser perigoso. Se você é adepto dessas práticas e ninguém mais quiser fazer negócios com você, não reclame. Não dá para dizer que foi um mal-entendido.

O MUNDO É MUITO INJUSTO COMIGO, SABE? NINGUÉM QUER ME DAR UMA CHANCE, EU PRECISO MUITO DESSE ESTÁGIO... PUXA, ESQUECI DE TRAZER MEU CURRÍCULO. NÃO, NÃO TENHO SITE, NEM BLOG, NEM CARTÃO DE VISITAS. NUNCA PARTICIPEI DA EMPRESA JÚNIOR DA FACULDADE, NEM FIZ TRABALHOS VOLUNTÁRIOS. MAS A SENHORA PODE TER CERTEZA QUE EU SOU MUITO PROATIVA, SABE?

5

As coisas não caem do céu...

Currículo vazio

Não raro, eu tenho o prazer de conhecer profissionais promissores e, como talento é coisa que me toca e emociona, vou logo guardando suas referências numa lista para indicá-los na primeira oportunidade (também é uma maneira legal de ampliar a minha rede de contatos).

A minha lista ainda tem poucos nomes por três motivos principais: eu não conheço tanta gente assim; sou muito seletiva; e muita gente presumivelmente boa não tem nada em mãos para mostrar a sua competência.

Um conhecido pergunta se eu conheço um designer gráfico. Conheço vários, mas, se eles não tiverem como mostrar seu trabalho, como é que meu conhecido vai escolher aquele que ele considera melhor?

Este é um ponto que eu não consigo compreender: como é que um profissional do século XXI não tem nenhum cantinho na Internet?

Designers, fotógrafos, ilustradores, decoradores, escritores, jornalistas, publicitários, atores, artesãos, produtores de eventos, cantores, artistas plásticos e muitos outros profissionais sabem quanto custa produzir um portfólio impressionável em papel – é bem salgado. Por que, então, dispensar essa alternativa poderosíssima e barata?

Vira e mexe converso com alguém que parece ter um potencial muito bom e, quando peço para ver o seu portfólio, ou mesmo que me dê um cartão de visitas, saio de mãos abanando, os anéis todos caindo. Como eu disse antes, papel custa caro (mesmo assim, ninguém fica mais pobre por fazer alguns cartões de visita, né?).

Mas e o site? Hospedar uma página em um servidor custa uns R$ 25,00/mês e mais R$ 30,00/ano pelo registro do endereço. Um investimento mais do que justificado! Um blog, então, pode sair de graça, minha gente.

As desculpas são das mais diversas variedades de tecido roto e maltrapilho: o talentoso ou a talentosa ainda está preparando a página na Web (que nunca fica pronta); não sabe programar Web sites; falta tempo; ou ainda é estudante, não tem mesmo muita coisa para mostrar.

Ok. Como "Jack, o estripador", vamos por partes (nossa, essa é muito velha!).

Coisas que nunca ficam prontas. Isso me lembra aquelas pessoas que têm o projeto todo "na cabeça", só falta escrever. Ora, então, a pessoa não tem nada. Enquanto não tiver alguma coisa escrita, um trabalho começado, não se tem nada. É preciso que o promissor ou a promissora estipulem metas e prazos que eles mesmos possam cumprir. É uma questão de estabelecer prioridades.

A idéia é considerar a si mesmo como um cliente também.

Sinceramente, aquela história de "em casa de ferreiro, espeto é de pau" não me convence. Ou, então, o ferreiro não é tão bom.

Não sabe construir um Web site. Não sabe, então, aprenda!

E rapidamente, porque o mundo continua girando enquanto você pensa. Não precisa ser nada sofisticado. Todo bom designer sabe que mais importante que recursos tecnológicos pirotécnicos, o que faz diferença é o conceito. A preocupação com a usabilidade deve ser constante, mas nada que um projeto simples não resolva, principalmente quando se é beato da religião "menos é mais". Se a pessoa não é da área e nem tem interesse em aprender a programar, uma idéia é fazer um blog. É bem rápido e fácil, há vários tutoriais na Internet em português. Pelo menos é um lugar para colocar seu currículo na Internet onde todo mundo possa acessar. Um bom perfil numa rede virtual como, por exemplo, Plaxo, LinkedIn, hi5 e outros, também pode ajudar.

Outra dica é fazer uma parceria com alguém que entenda do ramo (se sua rede de contatos for bem vitaminada, não vai ser difícil). Se a grana estiver curta, vocês podem trocar serviços ou negociar um parcelamento bem comprido.

Use a cabeça como quiser, mas garanta o seu lote no ciber espaço.

O importante é que, quando alguém digitar o seu nome no Google, apareça alguma informação confiável sobre o seu currículo que você mesmo tenha colocado.

Aparecer na Internet é importante para se tornar conhecido e para que as empresas possam ter referências sobre você.

Não tem tempo. Olha, confesso que tenho um pouco de preconceito (está bem, é muito preconceito, bastante mesmo) contra livros de autoajuda, mas esses dias recebi uma mensagem pela Internet atribuída a Roberto Shinyashik que cabe muito bem aqui. Ele diz que: *"o sucesso não é feito durante o expediente"*. Também acho. Ou o sujeito investe suas horas vagas em alguma coisa, ou vai ser mais um a reclamar da vida em geral e do governo em particular. Calcule o tempo que você perde assistindo Big Brother, teclando no MSN, jogando MahJong, frequentando comunidades sinistras no Orkut e veja quanta coisa dá para inventar nessas horas.

Você acha que as pessoas realmente inovadoras passam o domingo vendo o Faustão?

Sou estudante, não tenho muitos trabalhos feitos. Sinceramente, para mim, esta é a pior desculpa de todas. Uma verdadeira declaração de preguiça, descaso e desinteresse.

Gente, a cidade, bairro, rua, seu prédio estão cheios de organizações sem fins lucrativos precisando desesperadamente de profissionais, mas não têm como pagar.

Escolas públicas, creches, associações comunitárias, asilos, centros acadêmicos, seu primo que tem uma oficina, sua tia que costura para fora, o síndico do seu prédio! O que não falta é material para praticar. Todo mundo precisa de administradores, economistas, jornalistas, designers, atores, professores de Educação Física, fisioterapeutas, advogados ou seja lá o que você estiver estudando! Faça uma "consultoria" para esse povo.

Aproveite enquanto você pode contar com a ajuda dos seus professores para tirar as dúvidas.

É claro que você não vai resolver os problemas como um profissional, mas pode ajudá-los a procurar um, pode acompanhar todo o trabalho e oferecer seu serviços como auxiliar. Olha só que grande chance de aprender!

Organizar eventos na faculdade, mesmo que sejam festas, também contam, e bastante! Você precisa liderar equipes, administrar tempo e dinheiro, negociar com fornecedores, fazer a divulgação. Está achando pouco? Faça isso de uma maneira estruturada, reúna material que comprove a sua atuação e coloque no seu currículo, por que não?

Feiras, congressos e seminários acadêmicos só acontecem porque existem voluntários, você já pensou nisso? Já pensou também no quanto podem aprender e quantas pessoas bacanas pode ter a oportunidade de conhecer numa situação dessas?

Concursos para estudantes existem aos montes, em todas as áreas. Conheço poucas coisas tão elegantes para abrilhantar um currículo magrinho do que um prêmio (alguns até rendem mais do que um item estrelado no seu currículo, dê uma pesquisada).

Depois ainda tem o centro acadêmico do seu curso, as empresas júniores e escritórios-modelo das faculdades, as monitorias de disciplinas, as bolsas de iniciação científica nos laboratórios, os "bicos" em projetos de professores.

Até montar um blog legal ou um grupo de discussão sobre determinado assunto, desde que estruturado de uma maneira profissional, pode contar muitos pontos na definição do perfil de um candidato. Há empresas, inclusive, que só contratam pessoas que possuem blogs (é uma tendência) até porque algumas são escolhidas para administrar os blogs da própria organização.

É só querer, deixar de vadiagem e partir para a ação.

Fico perplexa quando vejo um sujeito choramingando na televisão que ninguém lhe dá a primeira chance no mercado de trabalho (provavelmente o cara ainda escreve no currículo que é uma pessoa proativa).

Mas pense bem: se você tivesse que contratar alguém, preferiria um candidato que ainda não teve nenhum emprego formal, mas tem um montão de experiências do tipo que eu descrevi acima, ou alguém com cara de vítima e o currículo completamente vazio? Qual deles você acha que será melhor profissional?

Então, como você viu, não precisa esperar formar-se para começar a se mexer. Demorou!

Intercâmbios

Se você é uma dessas pessoas sortudas que teve (ou terá) a oportunidade de fazer um intercâmbio, levante as mãos para o céu e aproveite ao máximo!

Viagens são experiências riquíssimas: você vai ter contato com outra língua, outra cultura, outros costumes. Não desperdice essa oportunidade de crescer e ver que as coisas podem funcionar de maneira diferente daquela que a gente está acostumado por aqui.

Se puder, não deixe de trabalhar. Estudar é bom, mas nada como ver o dia-a-dia de uma empresa pelo lado de dentro.

Dicas:

- Pesquise o máximo que puder sobre o país, a região e a cidade onde você vai. Assim, vai entender melhor o que vai ver (e viver).

- Estude bastante a língua antes de viajar. Se você chegar lá só com conhecimentos básicos, vai deixar de entender muita coisa no começo e desperdiçará chances preciosas.

- Tente conviver o máximo possível com os nativos. Conheço pessoas que ficaram divertindo-se em *"panelinhas"* de brasileiros e voltaram sem saber a língua e os costumes do país que visitou, ou seja, desperdiçou tempo e dinheiro. Prefira a galera local ou colegas de outras nacionalidades; amplia muito mais seus horizontes.

- Não perca contato com as pessoas que conheceu nas viagens. Se possível troque e-mails, faça visitas, telefone. No mínimo é uma excelente oportunidade de praticar a língua e não a esquecer. O seu mundo cresceu, mantenha-o grande.

Estágios

Lembro até hoje do meu primeiro estágio. Recém-saída do curso de Eletrotécnica da Escola Técnica e estudante do primeiro ano de Engenharia Elétrica, ainda tinha os dedos esfolados de descascar fios e dei-me conta de que tão cedo não ia vê-los de novo.

O curso de Engenharia, pelo menos naquela época, usava os dois primeiros anos apenas para o estudo aprofundado de Cálculo e Física. Portanto, nada de fios, motores, circuitos e instrumentos, coisas que eu adorava. Mas não desanimei:

reuni toda a minha cara-de-pau, escolhi um laboratório da Engenharia Mecânica cujo nome parecia moderno e desafiador (Laboratório de Hardware do Grupo de Comando Numérico) e bati na porta. Pedi para ser apresentada ao professor responsável e me ofereci candidamente para estagiar lá. Tinha recém-completado 18 anos. O professor falou que não tinha bolsa – não faz mal, disse eu. Trabalho de graça. Passei 6 meses muito legais onde aprendi bastante e também tirei muito xerox.

Fui depois para outro laboratório (com bolsa), depois outro e mais outro, até que estagiei em empresas, que, infelizmente, por serem estatais de energia elétrica, estavam impedidas de contratar quem quer que fosse.

O resultado disso? Da turma de 38 alunos que se formaram comigo, acho que apenas uns 8 conseguiram emprego na área. Eu estava com a minha carteira assinada como engenheira 15 dias depois do baile.

Como eu consegui o emprego? Fácil! A minha cara-de-pau já estava muito mais azeitada e fui lá bater na porta de uma empresa de automação porque eu gostava muito da área. Liguei para um colega que encontrei apenas uma vez no centro acadêmico, pedi uma entrevista e levei o meu currículo e o meu entusiasmo.

Fui contratada porque, mesmo antes de receber o diploma, já tinha mais de 4 anos de experiência em diversas áreas da Engenharia Elétrica, inclusive automação.

Estou contando isso tudo porque não paro de ler e ouvir coisas a respeito da dificuldade que as pessoas têm de conseguir estágios e empregos.

Tem muito de sorte, de estar na hora certa e no momento certo, mas também é preciso preparar-se e fazer as coisas acontecerem.

Jamais fui a uma entrevista (exceto naquele primeiro laboratório em que pedi estágio) sem conhecer muito bem o lugar e a área de atuação. Naquela época nem havia Internet – hoje é muito mais fácil se preparar. Isso é demonstração de interesse, de proatividade. Assim, já dá para saber para que você pode contribuir e dar idéias.

Entusiasmo e vontade de aprender são tudo. Quando eu ainda trabalhava como funcionária em empresas, meus colegas de trabalho riam porque diziam que mesmo depois de tantos anos de formada eu ainda tinha uma estagiária que habitava o meu corpo e não me largava. Tem um curso novo para fazer? Lá vou eu. Tem alguma habilidade nova que alguém precisa aprender? Pode deixar, eu estudo no fim de semana. Tem que tirar xerox? Deixa comigo.

Digitação de tabelas chatas? Excelente exercício de meditação quando você está estressado. Aprender é o que me move e, no fundo, nunca deixei de ser estagiária.

Estágio é uma etapa da vida importante, onde a gente conhece todo o tipo de gente e se constrói como profissional.

Se a pessoa se sente explorada só porque tem que fazer trabalhos chatos, mau sinal.

Encare tudo como uma oportunidade incrível de aprender, inclusive ao observar outros profissionais nos quais você não gostaria de se espelhar.

Cada dia é uma aula nova, cada empresa é um curso novo. E o melhor, sem as provas!

O estagiário que mora em cada um de nós tem que ser alimentado todo dia, com bastante entusiasmo e curiosidade.

Trabalhinhos chatos

Um dia desses recebi um e-mail de um rapaz que estava atravessando uma crise profissional e me pedia conselhos. Vamos chamá-lo de João. Pois é, o caso é que o moço estava fazendo estágio em um escritório e tinha sido destacado para fazer apenas trabalhinhos chatos, como, por exemplo, digitar tabelas e outras tarefas menores, segundo ele.

Um colega comentou com João que ele estava desperdiçando seu talento nesse lugar e que deveria cair fora logo, afinal de contas, já fazia inacreditáveis 3 semanas que o rapaz estava lá e nenhum projeto realmente legal havia sido colocado sob sua responsabilidade. João ainda completava dizendo que sabia que era excepcionalmente bom no que fazia e que não lhe davam o devido valor.

O moço realmente estava em dúvida se saía ou não batendo a porta.

Resolvi compartilhar essa questão preservando o nome do rapaz porque penso ser esse um problema comum à geração dele, independentemente do curso. Tenho certeza de que estagiários de publicidade, jornalismo, engenharia, farmácia, administração ou qualquer outra área compartilham um pouco da angústia de João.

Vamos por partes. O primeiro ponto que vejo é o imediatismo, natural da idade, mas muito mais flagrante neste milênio.

O que é que João queria? Que na segunda semana o chefe ficasse camelando na digitação de tabelas para que ele pudesse pensar com mais calma na melhor estratégia para atender um cliente vital para a empresa?

Acho que João e seus contemporâneos pensam que surgem do subsolo, durante a noite, gnomos escravos notívagos que fazem o trabalho que ninguém quer enquanto a empresa dorme.

Meu conselho aos joões: quer mais responsabilidade? Surpreenda, faça mais do que foi pedido; além do trabalho chato, apresente algumas idéias (mas não se chateie se elas não forem aceitas – existe a possibilidade de não serem tão boas quanto se pensa).

Persista, tente analisar a empresa sob todos os pontos de vista, entenda como é a dinâmica de uma organização, como é administrada, os tipos de liderança, as práticas de atendimento, como os papéis são distribuídos.

O estagiário sempre pode comparar uma experiência com outra até encontrar um modelo que considere ideal.

Fazer o trabalhinho entediante só significa enfiar a cabeça dentro do monitor se o estudante (ou iniciante) não tiver olhos para observar e aprender o que há em volta.

Segundo ponto: talento incomparável desperdiçado. Confesso que tenho certa simpatia por pessoas que assumem suas qualidades e não gosto muito daquelas que fingem uma modéstia mal ensaiada.

Mas quando João afirmou com tanta segurança que era excepcional, fiquei um pouco preocupada. É que em aula, ele não conseguiu mostrar-me nenhum trabalho tão brilhante assim; não eram tão ruins, mas, certamente, não eram sensacionais. Nessas oportunidades, ele teve toda a liberdade do mundo para mostrar sua genialidade, mas preferiu ser bem discreto.

O fato de mesmo assim ele se considerar um profissional excepcional, leva a pensar que, na sua cultura geral, talvez faltem referências para se comparar.

Acompanhem meu raciocínio: certamente, humildade e modéstia são palavras que definitivamente não servem para me descrever: muitas vezes sou acusada de arrogante e não sem motivos. É que sei que sou uma profissional acima da média.

Mas tenho a exata dimensão de que isso não acontece porque sou um gênio, mas porque a média, de uma maneira geral, é baixa. Assim, não posso dar lição de humildade para o João, mas é preciso ter um pouco de bom senso.

Quando a gente estuda bastante e tem muitas referências, passa a ter uma perspectiva mais realista.

Brilhante e genial foi Isaac Newton: e mesmo ele admitiu que se debruçou sobre ombros de gigantes, referindo-se aos matemáticos que deram fundamentação ao seu trabalho (para quem não está ligando o nome à pessoa, Newton foi o cara que formulou as leis fundamentais da Física como, por exemplo, a da gravidade, para ficar apenas na mais famosa, e criou o cálculo diferencial e integral).

Alguém pode dizer: ah, mas assim é covardia! Se a gente ficar comparando-se com esses caras, sempre vai achar-se uma formiguinha insignificante. A despeito de algumas vezes ser até saudável a pessoa retornar quietinha ao formigueiro, podemos usar referências mais próximas, e mesmo assim se dar conta das nossas limitações.

Na área à qual me dedico a estudar mais profundamente, que é a identidade corporativa, tenho lido autores que me deixam arrepiada. Há os espanhóis Joan Costa e Paul Capriotti, o inglês John Balmer, o americano Tony Spaeth, os argentinos Norberto Chaves e Raúl Belluccia e mais uma lista enorme que faz com que eu perceba exatamente o meu lugar, bem lá no fim, pelo menos por enquanto.

É uma sensação ótima se dar conta do tanto que ainda tem para aprender e que tem tanta gente lá na frente para iluminar nosso caminho.

Aliás, essas comparações com grandes mestres me fez lembrar de uma charge das cobras, personagens do (esse sim, extraordinário) Luís Fernando Veríssimo.

No primeiro quadro, aparecem as duas cobras olhando o céu noturno estrelado. Então, uma se vira para a outra e diz: *"Diante desse infinito, eu me sinto um zero. E você?"* A outra responde, candidamente: *"Ah, sei lá! Um dois ou três..."*

Se eu fosse um estudante de design, no mínimo olharia alguns grandes nomes no Brasil, tais como o Aloísio Magalhães, Joaquim Tenreiro e Alexandre Wollner, para cair a ficha e ter uma idéia vaga do que significa brilhantismo e excepcionalidade.

Depois, ainda tem Philip Stark, Karim Rashid, Javier Mariscal só para citar os internacionais dos quais eu lembro agora, de cabeça.

Se fosse estudante de Administração, não poderia deixar de admirar Peter Drucker, Philip Kotler e outros grandes empresários que se destacam na gestão (inclusive no Brasil. Já ouviu falar do Ricardo Semler?).

Como eu disse ao João, tomara mesmo que ele seja excepcional. Mas, até agora, não deu pra notar e tenho certeza de que a culpa, pelo menos por enquanto, não é do seu chefe ...

Machismo não mata ninguém

Dia desses, recebi um e-mail de uma moça que parecia muito desencantada, a Mariana. Ela estuda Engenharia em Minas e está sofrendo muito com o preconceito de colegas e professores. Não consegue enturmar-se e, em pleno século XXI ainda tem que estudar muito mais que os colegas para ser tratada como igual.

Não é a primeira vez que recebo uma mensagem assim e pensei que compartilhar um pouco da minha experiência poderia ser útil para alguém que esteja vivendo situações semelhantes (na pele da Mariana ou na de seus colegas e professores).

Antes de fazer Engenharia, fiz o segundo grau em uma Escola Técnica que serviu bastante para me aclimatar, já que sempre houve poucas meninas por lá. Na lista dos aprovados no vestibular em Engenharia Elétrica de 1984, eu era a única mulher.

Alguns professores declararam guerra abertamente logo no começo, perguntando, em tom de show de calouros, por que eu não estava matriculada num curso de corte e costura. Outro chegou a se oferecer para trancar a minha matrícula fora do prazo, já que eu iria reprovar na disciplina dele, que era muito difícil (valeu a pena me matar de estudar; dos 50 alunos, só passaram 15 e eu estava na lista).

Havia também um que usava o meu peso e altura para calcular todos os problemas de Física. Não passavam de meninos crescidos e inseguros, coitados.

Além dos professores, havia também alguns colegas que nunca se conformaram com as minhas boas notas. Apesar de me verem todos os finais de semana na biblioteca e copiarem as minhas listas de exercícios (isso quando não pediam cola), muitos gostavam de espalhar boatos maldosos. Já dá para imaginar: se eu passei, é porque rolou alguma coisa com o professor.

Eu nunca me importei muito com isso, mas uma vez fiquei com meus brios seriamente feridos. Porque havia tirado uma das melhores notas da turma (um sofrido 6,4), circulou um rumor de que eu tinha passado um final de semana inteiro em uma ilha deserta com o professor (que, já mais para lá do que para cá, devia adorar esses comentários, achando-se o garanhão da vez). Que fossem tão criativos a respeito da minha vida particular eu até engolia, mas **6,4** por um final de semana inteirinho de proezas dignas da Bruna Surfistinha? É muito ofensivo que alguém tenha acreditado nisso! Mulher nenhuma merece uma nota dessas...

Atuante no centro acadêmico e editora do jornal do curso, acabei recebendo, na cerimônia de formatura, o Prêmio Liderança e Participação oferecido pelo Sindicato dos Engenheiros. Apesar disso, meus colegas não aceitaram que eu fosse a oradora da turma, justificando que eles tinham vergonha que uma mulher estivesse nessa posição com o fraco argumento de que seus pais estariam lá para vê-los. E você achava que infantilidade tinha limites...

A teoria largamente defendida pelos meus nobres colegas de que mulher que faz Engenharia vira, no máximo, professora, caiu por água abaixo logo na segunda semana depois do baile, quando consegui meu primeiro emprego.

Um currículo cheio de estágios me permitiu iniciar uma promissora carreira de programadora de robôs.

Aliás, esse capítulo é interessante. Fui contratada porque já tinha alguma experiência, mas vi preocupação nos olhos do meu chefe antes de fazer a primeira viagem. Ele não queria que eu fosse (apesar de ter sido contratada para isso) alegando que o lugar era sujo e barulhento. Era mesmo, mas eu adorei!

Essa foi uma época de desafios, onde meu trabalho consistia

em implementar softwares em robôs lineares e máquinas automatizadas em vários lugares do país.

Com recém-completados 23 anos, ainda não tinha muita noção de como a roupa poderia contribuir ou detonar a credibilidade profissional de alguém.

As calças jeans e o rabo-de-cavalo certamente pesavam no olhar desconfiado do qual eu era alvo quando entrava nas fábricas. Lembro das situações de crise quando eu me concentrava ao máximo para não piscar a fim de impedir que caísse alguma lágrima, apesar de ter presenciado homens perderem o controle por seus erros quando a linha de produção parava e os funcionários tinham que ficar esperando para recomeçar o trabalho.

A minha tática para conquistar os técnicos mais céticos e resistentes era desmontar o computador do robô e explicar pacientemente o funcionamento de cada peça, bem como o significado de cada linha de programa com o melhor dos meus sorrisos.

Cedo, descobri que isso era infinitamente mais eficiente do que cara feia ou discursos inflamados.

Conquistei o respeito de muita gente boa desse jeito, inclusive porque precisava de voluntários para guardar a porta do banheiro (não havia sanitários femininos nos lugares que frequentei nessa época).

Como quase toda mulher, é claro que recebi cantadas de clientes, mas nada que uma cara de burra distraída não resolvesse (é preciso providenciar sempre uma saída honrosa em situações delicadas – guerra aberta não traz benefícios a ninguém e sempre fui péssima de briga).

Hoje, por ser mais madura e também por ter mudado de carreira, não enfrento tantos problemas (de certa forma, antes era mais emocionante).

De tudo o que ficou e que eu gostaria de dizer para as muitas Marianas é que as pessoas reagem de diferentes maneiras ao novo. E a reação delas vai depender muito da nossa atitude.

Muitas vezes, vi nos olhos dos colegas a dúvida sobre o que fazer agora, já que eu não tinha apelado para o prático e previsível discurso de coitadinha injustiçada.

Contra o bom humor e a competência ninguém pode.

Força, Mariana!

QUE GRACINHA! FALA PARA A TITIA: O QUE VOCÊ QUER SER QUANDO CRESCER, MEU BEM?
EU QUERO SER EDITORA DE VÍDEO DE CIRURGIAS 3-D ASSISTIDAS POR NANORROBÔS PLASMÁTICOS!

6

A curiosidade move o mundo!

Por que limitar seu conhecimento?
Não é porque você estuda Administração que só vai aprender sobre isso. É claro que você tem que ler tudo sobre o assunto (é o mínimo), mas precisa também ter cultura geral.

Todo mundo, principalmente os sortudos que puderam fazer um curso superior, tem a obrigação de saber pelo menos um pouquinho de política, economia, literatura e noções gerais sobre tudo que acontece no planeta.

Como dizia o meu avô, aprender não ocupa espaço e se a gente considerar que mesmo os maiores gênios usam menos de 10 % da capacidade do cérebro, dá para aprender à vontade.

E não se preocupe – se você estuda publicidade mas é apaixonado por lutas de sumô, com certeza esses conhecimento combinados vão trazer-lhe um diferencial importante. Não tenha medo de ser curioso. Não existe conhecimento inútil.

O que você quer ser quando crescer?
O mundo já foi mais simples. Ao ser perguntada sobre o que queria ser quando crescer, uma criança, quando eu ainda era uma, em geral respondia os previsíveis: professora, jogador de futebol, médico, engenheiro, advogado, atriz (naquela época não existia ainda a versão atriz-modelo-apresentadora).

Eu, eclética desde que nasci, já quis ser piloto de helicóptero (cheguei razoavelmente perto ao fazer software para um robô aéreo), paleontologista (o máximo é que quase ninguém sabia o que era isso e eu aproveitava para dissertar sobre o assunto no auge dos meus 9 anos), agente secreto (biônica, claro) e repórter.

Acabei trabalhando como engenheira por mais de 10 anos e, agora sou consultora de empresas, dou palestras e aulas também. Mesmo assim, ainda não sei o que vou ser quando eu crescer. E você?

As pessoas geralmente ficam confusas na época de fazer o vestibular, como se fossem casar-se e tivessem que escolher bem o noivo com quem viverão até a morte.

Se hoje nem os casamentos são mais assim, o que dirá as profissões! Eu não tive crise para escolher Engenharia porque sempre quis saber como as coisas funcionavam, adorava Física e a Matemática, nunca me incomodou. Nunca achei que estava abrindo mão das outras escolhas.

Ainda tem muita gente escolhendo cursos porque acreditam que algumas profissões dão mais dinheiro que outras. Balela.

Quem ganha dinheiro não é a profissão, é o profissional.

Conheço médicos que ganham muito mal e faxineiras que ganham muito bem. O melhor é escolher alguma coisa da qual realmente goste, uma vez que, para exercer uma profissão de maneira a se destacar, é preciso estudá-la e atualizar-se pelo resto da vida (pelo menos da vida profissional). É preciso empenhar-se bastante para ser excelente.

Hoje, vejo muitos estudantes e profissionais esboçando uma angústia mal contida em relação ao mercado de trabalho.

Lamentam que não há empregos e os que existem, pagam muito mal, em desacordo com o que foi investido para se qualificar. Pena, né?

Mas, pena por quê? Será que não temos aí um problema de abordagem? A pessoa estuda design e sai da faculdade crente que lhe espera um emprego de designer. Estudantes de publicidade e propaganda sonham com o dia em que atenderão grandes contas em agências famosas. O sujeito se esfalfa para fazer Medicina e pega o canudo ansioso para fazer o quê? Ora, ser médico...

As pessoas têm que se conscientizar que a coisa mais importante que se aprende na escola é **aprender**! E quem sabe aprender, faz qualquer coisa.

E o melhor de tudo, **invente** profissões! Qual era mesmo a criança que queria ser videomaker? E Web designer? E produtor musical? E consultor motivacional? E organizador de eventos? E programador de jogos virtuais? E personal trainer? E DJ? E personal stylist? E adestrador de cães? E blogueiro profissional? Claro que nenhuma! Boa parte dessas profissões não existia há 10 anos!

Como essas, muitas das profissões que mais remunerarão e gratificarão nos próximos 10 anos ainda não foram inventadas (esses dias, vi um filme no Youtube dos consultores americanos Karll Fisch e Scott McLeod, onde eles diziam que os 10 empregos que mais oferecerão vagas em 2010 ainda não existiam em 2004)[1].

---

1 Veja o vídeo (em inglês) em <http://br.youtube.com/watch?v=jpEnFwiqdx8&eurl>. Acesso em 14 jan 2009.

Essas profissões do futuro estão quietinhas em algum canto, esperando por alguém criativo e perspicaz que as descubra...

E quem estudou, quem tem acesso à informação, quem aprendeu a aprender, tem muito mais chances de fazê-las desabrochar.

Engenheiros que escrevam poemas, escritores que pintem paredes, professores de Educação Física que saibam falar chinês, psicólogos que lutem karatê, médicos que dancem flamenco, administradores que pratiquem capoeira, advogados que fotografem moda.

As pessoas que não se limitaram às paredes da escola, que têm sede de saber mais, que combinam de maneira inusitada os saberes que conseguiram reunir, são as que inventarão as profissões daqui pra frente.

Eu penso que você tem todas as ferramentas para tentar. Por que não experimenta?

Você é de direita ou de esquerda?
Esses dias, tive a sorte de ler *"A revolução do lado direito do cérebro"*, de Daniel H. Pink (um aluno me indicou).

O autor apresenta, de maneira simples e didática (porém, muito bem fundamentada), as fases da nossa valorização como profissionais na história da economia recente.

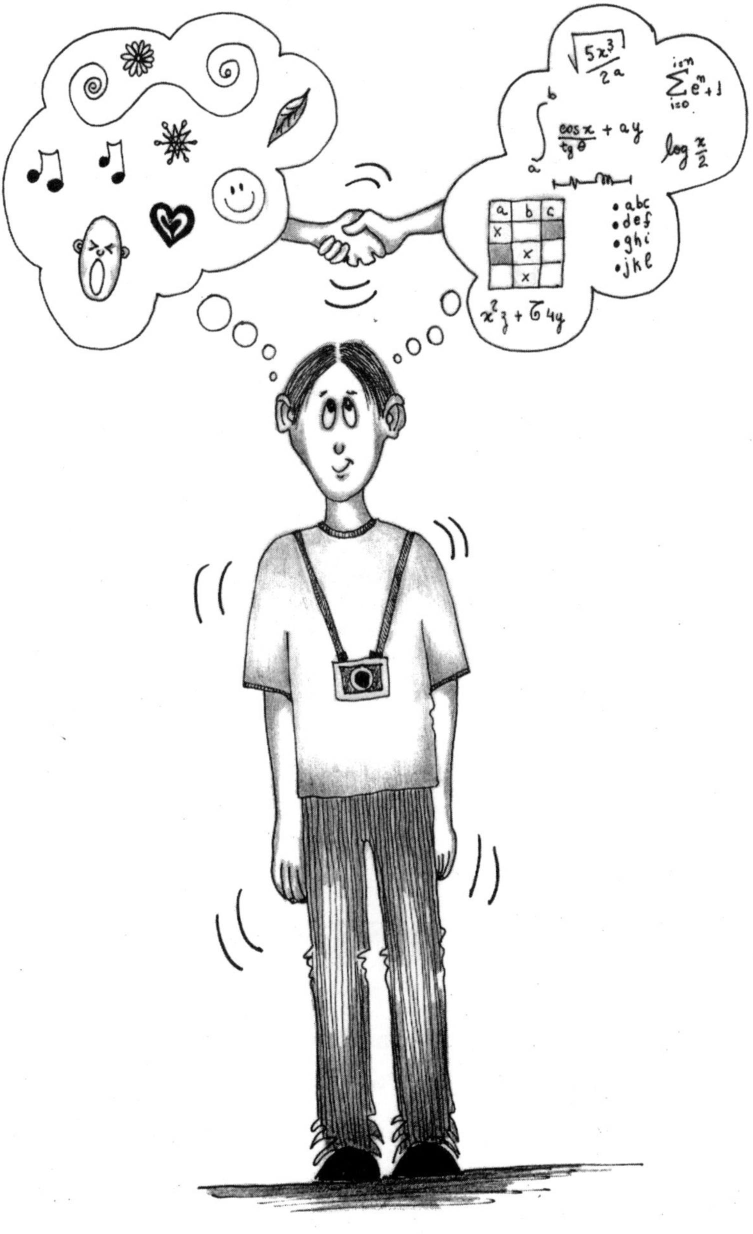

Na *Era Industrial*, o mais importante era ter músculos e persistência diante da adversidade. Gente com esse perfil era imprescindível nas linhas de montagem e estava no topo da valorização (brutamontes incansáveis inspiraram personagens heróicos e inesquecíveis, ícones do ser humano ideal).

Com o advento da *Era da Informação,* onde os computadores entraram em cena, bom mesmo era o sujeito que pensava de maneira estruturada, era fera em Lógica e Matemática. Enfim, uma espécie predominantemente racional. Eram (alguns ainda o são) olhados sempre com respeito, pois faziam parte da elite dos "inteligentes". Pink argumenta que essa classe, representada principalmente pela galera da tecnologia, está sendo substituída por profissionais mais baratos, oriundos principalmente da Ásia (Índia, Tailândia e China, na dianteira). Europeus e americanos que estavam na crista da onda viram sua praia repentinamente ser tomada por *haoles* e estão tomando um caldo atrás do outro. Os salários caíram e a competência subiu.

O autor conclui que estamos entrando agora na *Era Conceitual,* onde é preciso substituir a capacidade de análise pela de síntese.

Integrar, em vez de modularizar. Dar mais espaço para o emocional e o artístico.

Fazer as coisas de uma maneira diferente da lógica e convencional ou, simplesmente, desenvolver a capacidade de cativar e emocionar.

Ele usa a metáfora dos dois lados do cérebro. O **esquerdo** é analítico e ocupa-se com a razão, com a estrutura, com a modularização das informações. É com esse lado que a gente aprende a ler e escrever, a formar palavras, a atribuir significados aos números, a encadear sequências lógicas, a analisar criticamente um problema.

O lado **direito** ocupa-se da síntese e trata da emoção, do subjetivo, do contextual. Esse é o lado que reconhece um rosto (sem se preocupar com as partes), que interpreta e entende piadas e frases de duplo sentido, que sintetiza informações, que conecta, que cria e inova.

O lado esquerdo é sequencial. O direito, simultâneo.

Todo mundo precisa dos dois para viver (e sobreviver), mas o lado direito andou meio esquecido e desvalorizado por uns tempos. Agora ele volta a ser lembrado e vitaminado para contribuir mais.

Como bem lembra Pink, a excelência se produz quando os dois lados superpoderosos viram amigos e transpõem a barreira que os separa.

Nenhum lado do cérebro é mais importante que o outro.

Mas para quem desenvolveu muito só um lado, convém dar uma atenção agora para o outro também, senão não vai conseguir adaptar-se aos novos tempos.

Será que você está dando vitamina e atenção para os seus dois lados?

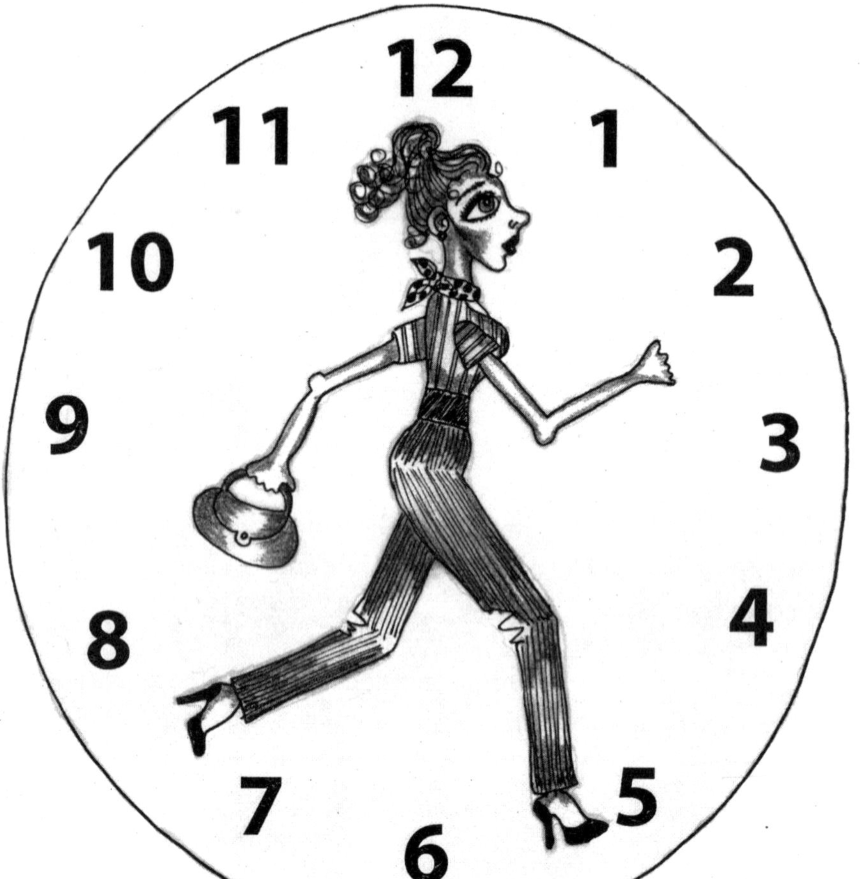
12
1
2
3
4
5
6
7
8
9
10
11

7

Não lute contra o tempo, você vai perder.

Quanto tempo?

Dia desses, um amigo perguntou sem mais nem menos, no meio de uma conversa: "quantos anos você tem?". Respondi : "42", meio sem entender direito por que ele queria essa informação. Joel respondeu: não, não perguntei a sua idade.

Esses anos você tinha, não tem mais, já passaram. Eu perguntei quantos anos você ainda tem.

Foi, então, caiu a ficha. Sábio Joel, com seu pensamento lateral em plena forma. Quantos anos será que ainda tenho? A morte, apesar de ser a única coisa certa da vida, ainda é um tabu para nós. Se a gente se lembrasse de vez em quando que o tempo aqui não é infinito, que as coisas não são para sempre, quem sabe não desperdiçaríamos tanto. Não faríamos planos sem data, não deixaríamos para ser felizes num futuro idealizado e longínquo que nunca chega.

Geralmente, a gente se dá conta de que as coisas acabam quando sabemos da doença fatal ou da morte súbita de alguém próximo. Com o tempo, a doença fatal ou a morte súbita chega para nós também. E aí, é o caso de perguntar: o que é que a gente fez com o nosso tempo? Para que a correria toda? Para que a gente se economiza tanto, deixando às vezes de brincar, de se apaixonar, de fazer umas loucuras, de sentir os cheiros, de nos deixar abraçar pelo sol, de viver?

Na minha opinião, uma das coisas mais nefastas para a vida de alguém é achar que o que se tem hoje nunca vai acabar. A estabilidade no emprego, por exemplo. Quer coisa mais broxante para um profissional? Exceto, se o sujeito matar o chefe na frente de todo mundo com requintes de crueldade e depois, ainda postar o filme no YouTube nada nessa república o fará perder o cargo. Roubo, má-fé, falta de educação ou mesmo incompetência não são motivos justificáveis para colocá-lo no olho da rua. A impressão do "para sempre" desmoraliza qualquer um que se empenhe em fazer melhor. O que vale é que a estabilidade eterna é uma ficção. Ainda bem.

Vejamos a questão dos casamentos. Não raro, relações lindas são aniquiladas justamente por causa do tal "para sempre". Se o contrato fosse apenas temporário e exigisse revisões periódicas, duvido que algumas pessoas tratassem as caras-metades da maneira como tratam, assim, de qualquer jeito. Se a pessoa tivesse que fazer por merecer a renovação, tenho certeza que o empenho, o cuidado e o respeito seriam maiores de ambas as partes. Se o mané não tivesse a ilusória certeza de o outro estará sempre à sua disposição, será que iria para a cama arrastando os chinelos e de camiseta rasgada com a mesma tranquilidade?

Viver sabendo que é preciso aproveitar cada minuto, cada oportunidade, cada beijo, cada abraço, certamente faz o nosso tempo render mais. É claro que você e eu, como a maioria das pessoas, não viemos aqui a passeio; é preciso trabalhar, estudar, ralar mesmo.

Mas, como disse o sábio Carlos Drummond, se a dor é inevitável, o sofrimento é opcional.

Se a gente desfruta das pequenas alegrias, se sabe para que serve a dor, se aprende a crescer e não se priva das emoções, a poesia vem em nosso auxílio para esticar o tempo.

É preciso cuidar do corpo e da alma para aproveitar melhor a jornada, entregar-se a cada amor para eternizá-lo, ler, aprender, dançar, ver o pôr-do-sol como o espetáculo que é, degustar cada alimento como um banquete, rir com vontade de maneira a iluminar tudo em volta.

Assim, quem sabe, o "para sempre" dure pelo menos tempo suficiente para a pessoa dizer: valeu.

Na minha opinião, todos os contratos (de emprego, de casamento, de prestação de serviços etc.) deveriam ter prazo de validade (12 meses, por exemplo). Após esse período, as partes se reuniriam para ver se vale a pena renovar, se estão todos satisfeitos e cumprindo o prometido. E você, o que acha disso?

Projetos de sucesso

Hoje vi uma entrevista de uma atriz dizendo que está com um projeto novo, mas ainda é segredo. Recebi também um convite para um curso que promete ensinar a pessoa a elaborar um projeto de vida glorioso. Nossa, parece até que quem não tem um projeto ou não está metido em um não existe, digamos assim, como "pessoa humana".

Para o Design e para a Engenharia, projeto é um registro técnico que permite que o objeto concebido possa ser reproduzido em escala. Mas há outra definição, mais genérica, que serve para o que quero discutir agora e encaixa-se perfeitamente nos exemplos iniciais:

Projeto é qualquer empreendimento temporário (com início, meio e fim) constituído unicamente para alcançar um objetivo.

Sob essa ótica, fazer uma mala pode ser um projeto. Elaborar uma solução que envolva conhecimentos de design para resolver um problema qualquer também.

Como transito entre os dois lados do balcão, não raro ouço reclamações de clientes sobre designers que não cumprem prazos, que não são pontuais, que não conseguem organizar- se quando estão tocando vários projetos ao mesmo tempo. Uma parte dessa fama é justificada e não só para esses profissionais. O mundo está cada vez mais complexo e organizar-se no meio dessa confusão exige disciplina e método.

A disciplina depende de cada um, mas o método se chama gerenciamento de projetos. A lebre foi levantada em meados da Segunda Guerra Mundial, quando o mundo tinha que evoluir tecnologicamente com prazos apertadíssimos e muitos planos importantes e urgentes andando em paralelo. Fica fácil entender porque a Marinha Americana e a NASA (aquela dos foguetes) foram tão importantes no desenvolvimento dessa área da administração.

A idéia principal do gerenciamento de projetos é que qualquer empreendimento temporário com objetivo definido (de qualquer área) possa utilizar-se de ferramentas para aumentar a sua chance de sucesso.

Mas o que é sucesso em um projeto?

Essa questão é bem interessante, olha só.

Para um projeto ser considerado bem-sucedido, as seguintes condições têm que ser atendidas:

1. Objetivos alcançados dentro do prazo previsto.

2. Orçamento respeitado.

3. Qualidade do produto entregue compatível com a especificada no escopo.

4. Realização de todas as etapas com segurança para os participantes.

5. Satisfação de todas as pessoas envolvidas no projeto.

A palavra **escopo** tem muitas definições chiques, mas penso que a que melhor a descreve é: *"escopo é tudo aquilo que você prometeu entregar."*

A parte que eu mais gosto é a da satisfação de todos os envolvidos. Uma grande sacada, na minha opinião. Não dá para considerar nada bem-sucedido se alguma parte saiu insatisfeita. Se o estagiário se sentiu explorado, se o cliente ficou um pouco decepcionado, se o designer esteve à beira de um colapso, se o resultado trouxe um lucro inferior ao estimado para quem o estava financiando, então, é porque alguma coisa não funcionou como devia, assim não dá para dizer que foi um sucesso.

E, agora, vem outra prática salutar: os relatórios de lições aprendidas! Consiste basicamente em registrar por escrito as falhas (sempre há, mesmo que o projeto tenha sido um sucesso) para evitá-las numa próxima oportunidade. De novo, a grande lição está em escrever o que se aprendeu para que as pessoas possam ter a oportunidade de compartilhar a experiência.

Se fica na cabeça de um só, será sempre um mistério, pois cabeças são os lugares mais inacessíveis do Universo.

Outra coisa muito legal é a recomendação para celebrar as etapas concluídas. O projeto inteiro pode não ser um exemplo, mas isso não impede a equipe de comemorar o que deu certo. Serve de incentivo, de reconhecimento pela conquista e para elevar o astral da turma. Não precisa ser nada demais.

Uma Coca-Cola com pão de queijo é como se fossem champanhe e caviar para quem está festejando o primeiro protótipo aprovado.

Uma parte muitíssimo importante e não muito praticada é o gerenciamento riscos. Por risco entenda-se qualquer evento que pode ou não ocorrer e impactar o seu projeto (para o bem ou para o mal). Uma enchente, acidente, variação brusca no câmbio, um aumento súbito na demanda; coisas assim.

Gerenciar riscos consiste basicamente em pensar com antecedência o que fazer no caso de um desses eventos realmente vir a acontecer.

Assim, aproveita-se melhor as oportunidades e reduz-se o tamanho do estrago. Gente que perde arquivos importantes por falta de backup simplesmente ignora o gerenciamento de riscos (nenhum profissional deveria se dar-se a esse luxo).

Quantas vezes você já ouviu falar que alguém estava com tudo pronto quando "deu um pau no HD" e perdeu o relatório inteiro? Meus alunos já sabem, esse papo comigo não cola. Não ter cópia de segurança é falta de profissionalismo. Você não está arriscando apenas o seu trabalho, mas o negócio do seu cliente ou da empresa onde você trabalha.

Existem várias maneiras de evitar surpresas desagradáveis. Você pode copiar periodicamente arquivos em pen drives, CDs ou HDs externos e até contratar esse serviço, mas tem um jeito rápido, fácil e de graça: **crie uma conta especial no gmail somente para fazer backups.** Pelo menos uma vez por dia ou a cada modificação importante, envie o arquivo para seu endereço no gmail e pronto. Fica tudo guardadinho e organizado por data e hora.

Mas tem muito, mas muito mais além da segurança dos dados. Além dos riscos, tem que cuidar das comunicações, integração entre as partes, dos recursos (humanos e financeiros), qualidade, escopo (não raro o cliente muda de idéia depois que a coisa está andando), qualidade, prazos e dinheiro. Ufa, não é mesmo para amadores.

Há tantas variáveis para controlar, tantas áreas para gerenciar, tantas lições para aprender, que, hoje, há mestrados em Gerenciamento de Projetos praticamente no mundo todo e o PMI (*Project Management Institute*, criado em 1969 nos EUA) já congrega 265.000 profissionais associados em 170 países[1].

O trabalho que dá gerenciar um projeto é diretamente proporcional à sua complexidade e gente comum não pode reclamar. Imagine só a quantidade de abacaxis que o gerente do projeto da construção de um submarino nuclear ou uma usina hidroelétrica tem que descascar todo dia.

Acredito que conhecer pelo menos as ferramentas mais básicas pode ajudar muito profissionais de qualquer área a correrem menos riscos, dormirem mais tranquilamente e resgatarem a credibilidade no mercado. E a tomarem champanhe com o cliente no dia da entrega final de um projeto de sucesso!

Como está a sua agenda?

Mesmo que você não seja um expert em gerenciamento de projetos, é importante que use alguns dos princípios para se organizar. Senão, não tem mesmo como cumprir prazos.

O primeiro passo é ter um agenda, seja de papel, eletrônica, seja virtual, você escolhe. O importante é ter todos seus compromissos anotados em algum lugar, no mínimo para evitar sobreposições.

Sem um mínimo de organização, fica quase impossível cumprir prazos e a sua reputação pode ir para o brejo mesmo que o seu trabalho seja excelente. Neste país, no qual quase ninguém é pontual, esse é um diferencial muito simples que pode destacar um profissional sem quase nenhum esforço.

---

[1] <www.dmi.org>. Acesso em 14 jan 2009.

Dicas:

- Jamais deixe alguém esperando por você ou pelo seu trabalho. Ser pontual é ser profissional.

- Toda vez que precisar falar pessoalmente com alguém (chefe, cliente ou colega), ligue antes para saber se a pessoa pode atender-lhe. Nada mais desagradável do que se instalar na cadeira de visitas e despejar suas prioridades quando o seu colega está tentando terminar um relatório importante.

- Nunca, de maneira nenhuma, interrompa uma reunião na qual um colega está participando para tratar de seus assuntos, mesmo que seja rápido. Ele pode perder uma linha de raciocínio importante ou a grande chance para apresentar uma idéia só porque você chegou na hora errada!

- Respeite o tempo das pessoas. Reunião tem que ter pauta e hora para começar e terminar.

- Não interrompa reuniões para atender ligações. Deixe sempre o celular no modo silencioso, depois você retorna.

- Tenha o seu dia sempre planejado, na medida do possível.

- Se você perceber que vai atrasar-se para um encontro ou reunião, ligue avisando. O ideal é sair de casa (ou do escritório) bem antes para compensar imprevistos (engarrafamentos são previsíveis e devem ser computados na estimativa do tempo — é só se informar antes).

- Se você acha que não vai conseguir cumprir o prazo prometido para um trabalho, avise a todos os impactados (clientes, fornecedores, chefe, colegas) com a maior antecedência possível para que eles possam reprogramar-se.

...AÍ, EU FALEI PARA A DUDA QUE EU ACHAVA QUE O GUTO NÃO IRIA FICAR COM A TATI POR CAUSA DAQUELE LANCE COM O BETO. A CRIS FALOU QUE NADA A VER, TIPO ASSIM, BLÁBLÁBLÁ...

CRASH
PODEM COMEÇAR SEM MIM, É QUE SURGIU UM PROBLEMA E EU VOU ME ATRASAR UM POUCO...

Tempo de ser criativo

Outro dia li na **revista abcDesign**[2] um interessante ensaio de Massimo Picchi, coordenador geral da Escola Panamericana de Arte e Design. Ele fala da experiência da escola, que tem lutado com dificuldade contra a falta de inspiração generalizada das profissões consideradas criativas (design, publicidade, fotografia).

Sem fazer acusações formais ou buscar culpados, Massimo observa que a massificação das idéias tornou-se mais evidente com a superoferta de ferramentas tecnológicas para esses profissionais. Agora, ficou fácil pular etapas, copiar trabalhos, usar referências.

Ele detectou a correlação, mas foi inteligente o suficiente para não atacar a tecnologia como a causa (seria simplista demais, apesar desse potencial culpado estar tão à mão).

Eu me arrisco aqui a dar um pitaco. Para mim, o problema maior não é a tecnologia, mas a falta de tempo. Reconheço, é claro, que há outros e complexos atores que contribuem para o fenômeno e também não quero cair na tentação de achar um vilão. Mas acompanhe só o meu raciocínio.

Numa das minhas aulas de pós-graduação em marketing, tive a oportunidade de aprender muito sobre criatividade com a Dulce Magalhães, palestrante admirada que tenho como referência sobre o que quero ser quando crescer.

---

[2] Revista abcDesign, n° 25. Curitiba: Infolio e Maxigráfica. 2008.

Ela deu uma aula que vou tentar reproduzir da melhor maneira que consigo, mesmo sabendo que haverá perdas (o que vou compartilhar é apenas a minha limitada percepção do que ela disse).

O processo criativo funciona, grosso modo, mais ou menos assim: a gente passa o dia inteiro recolhendo informações de todos os tipos.

Tudo o que os nossos sentidos conseguem captar e consideramos dignos da nossa atenção é armazenado.

Observe que, como é humanamente impossível captar e guardar tudo, cada um de nós desenvolve os próprios filtros sobre o que é ou não interessante.

Essas verdadeiras peneiras pessoais (nós, em última instância) decidem o que vamos ver ou ouvir. Há pessoas bastante alheias que não prestam atenção em muita coisa. Há as que escolhem olhar o mundo como quem visita um museu ou assiste a um filme. Há as que vêem o mundo pela tela da TV, as que ignoram o céu, os cenários, as pessoas, os fatos. Há as que querem saber tudo, sorvem as informações como uma bebida deliciosa. Há aquelas que só aprendem o que já sabem, nem querem conhecer outras naturezas ou pontos de vista.

Esses filtros é que nos fazem únicos, uma vez que não há dois iguais.

Quando a gente vai para a cama dormir (ou cochilar), toma um banho ou apenas senta para relaxar, o nosso cérebro reconhece que houve uma pausa de aquisição de informações e começa a botar ordem em tudo o que acumulou durante o dia.

As sinapses começam a trabalhar para guardar todas as coisas em seus devidos lugares, senão a gente não consegue resgatar as informações depois pela memória.

Pois, justamente durante o processo de reorganização é que acontece, às vezes, do cérebro guardar coisas em lugares diferentes do esperado e fazer conexões bizarras entre os assuntos.

Nesse ponto, acontece uma recombinação de informações e é quando a gente tem idéias originais, coisas banais sob ângulos inusitados.

Isso é tão forte em mim que não consigo dormir sem papel e caneta ao lado da cama. No momento em que estou quase dormindo é quando tenho mais idéias. Recombino informações acumuladas há anos, dias ou horas em um texto; junto referências visuais de muitas fontes distintas para pintar um quadro; reúno o cenário de um livro, um recorte de jornal e o comportamento de um cachorro na rua para desenvolver um método.

Então, a criatividade precisa de duas coisas essenciais para acontecer: **informações** e **relaxamento**.

Precisamos de muitas informações para recombinar, senão não há combustível para enriquecer a mistura. Por isso, a gente precisa ler, ver, ouvir, viver muito, alargar o filtro ao máximo possível. Mas também precisamos de tempo para cozinhar o caldo.

Vejo muito trabalho pobre em termos de criatividade porque o sujeito não reúne informações suficientes. Cultura geral e criatividade são como trigo e pão, um não existe sem o outro.

Se a pessoa não lê, mal ouve e, principalmente, não é curiosa, não há como ser criativa. Se o indivíduo passa o dia como quem vive uma maratona e não relaxa nunca, também não tem jeito.

Por falta de tempo, as pessoas acabam lendo pouco, vendo pouco, vivendo mal, sem relaxar nunca. O resultado é o que a gente está vendo aí. Ou não. Tenho certeza que tem um povo que nem reparou...

Dicas:

- O único jeito de arranjar tempo livre é organizando-se. Gente desorganizada desperdiça tempo e está sempre dando desculpas. Mas o tempo é igual para todo mundo, como é que tem gente que consegue? Resposta: organização!

- Meditação é o exercício de "esvaziar" a mente, deixar os pensamentos passarem sem se concentrar em nenhum. Estude mais sobre o assunto e aprenda como fazer. Mentes "atulhadas" não conseguem produzir.

- Tente prestar atenção no mundo à sua volta. Tem um monte de coisas legais rolando e que podem ser úteis para você depois, em algum momento.

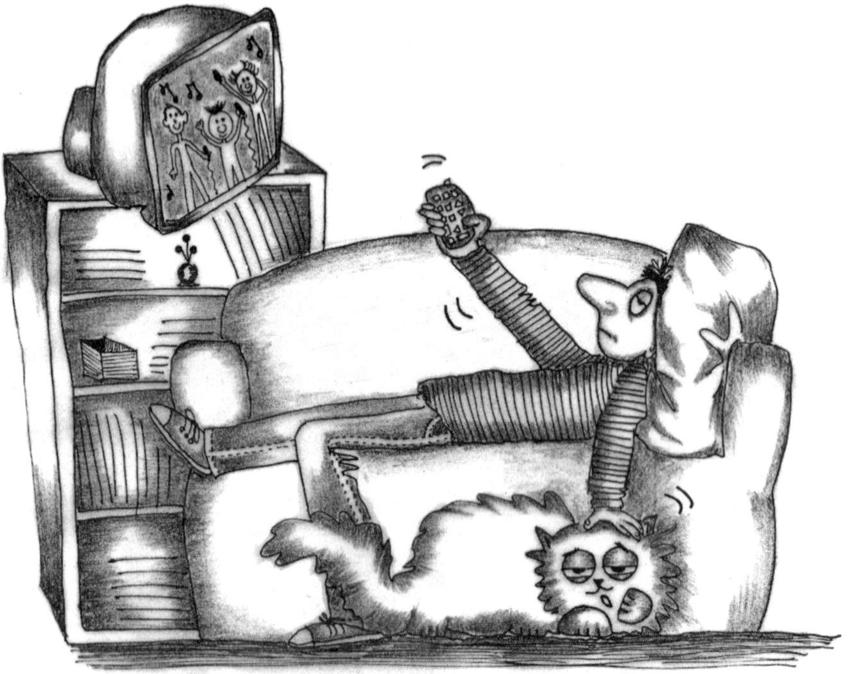

8

Sem tesão, não há solução!

Gato de harém

Estava lendo um livro de introdução à filosofia (meu progresso é muito lento, ainda não consegui passar dos introdutórios) quando me deparo com a seguinte frase:

"A filosofia começa pelo espanto" - Aristóteles

Como assim? Ainda bem que o livro era de introdução, pois logo veio a explicação mastigadinha: quer dizer que se a gente se permitir espantar-se com as coisas do mundo e pensar mais a respeito delas, saímos do estado vegetativo trabalha-ganha-compra-trabalha para pensar o que, de verdade, estamos a fazer neste planetinha azul.

O problema é que é muito difícil se espantar atualmente, quanto mais filosofar a respeito. Vamos pensar primeiro no espanto.

Segundo o Aurélio, espanto é susto, medo, assombro, admiração, surpresa. A gente fica assombrado quando vê algo diferente, que não está acostumado. Aliás, esse é um requisito perceptivo para a gente prestar atenção em qualquer coisa.

Segundo a teoria da percepção, para a gente notar algo, é preciso um ou mais fatores **internos** (motivação, experiência) ou **externos** (intensidade, contraste, movimento, incongruência).

Eu explico melhor: Como é impossível a gente processar tudo o que os nossos sensores (olhos, ouvidos, língua, pele e nariz) captam, o cérebro faz uma triagem baseado nos tais fatores.

Do ponto de vista interno (que depende de cada pessoa, seu contexto e sua história), é preciso estar **motivado** para prestar atenção em um estímulo. Não adianta o Brasil fazer um gol na final da copa se a pessoa estiver passando por uma crise existencial braba porque levou um pé do ser amado. O desiludido não vai nem notar o gol.

O outro fator interno é a **experiência**. Uma pessoa que mora de frente para o mar e o vê todo santo dia certamente tem uma reação diferente de outra que está vendo aquela imensidão pela primeira vez nos seus 60 anos de estrada. E quem mora perto de aeroporto não se assusta mais, nem com pouso de disco voador.

Do ponto de vista externo, são mais variáveis.

A **intensidade** diz respeito a quão fortemente o meu sensor é afetado pelo fenômeno. É mais fácil perceber uma comida muito salgada, um barulho muito alto, alguma coisa que machuca bastante, e por aí vai.

O **contraste** fala sobre as diferenças contextuais. Se está todo mundo numa festa na maior beca e aparece alguém com roupas rasgadas, é impossível deixar de reparar. Da mesma maneira que alguém que dá um grito num lugar silencioso com certeza não passa despercebido.

O **movimento** atrai a atenção do ser humano naturalmente, pois observar algo se mexendo (ainda mais com velocidade) é importante para a nossa sobrevivência. Levante a mão quem nunca foi atraído pelo rastro de uma moto esportiva passando como um bólide.

A **incongruência** é o chamar atenção pelo absurdo, esquisitice, bizarrice, insolitez. Um rinoceronte que soubesse sapatear ao som de funk faria sucesso por um bom tempo, pode ter certeza. Assim como um político que devolve uma mala de dinheiro que achou na rua. Ninguém espera uma coisa dessas. Ainda se fosse um gari...

A questão é que o ser humano nunca foi tão submetido a estímulos como nos tempos atuais.

É tanto barulho, tanto som, tanta cor, tantos cheiros e gostos que a gente fica quase que anestesiada. Basta um ciumento trancar a namorada por dias fazendo chantagem pela televisão para aparecerem mais dois na semana seguinte fazendo a mesma coisa – você não viu a notícia? É que já não é mais manchete, virou rotina.

Lembro bem de uma frase da minha querida avó Bercides, do alto de seus 90 anos, que dizia, ao saber de um evento fantástico ou inusitado: *"nada mais me surpreende"*. Será que, como predisse o brilhante (e espantoso) Luís Fernando Veríssimo, estaríamos todos virando gatos de harém?

Gato de harém, segundo Veríssimo, é aquele que já viu tudo, já viveu tudo e passa os dias aborrecido cochilando nos colos macios das odaliscas.

É a própria personificação do tédio, só se mexe se não tiver outro jeito.

A toda hora a gente vê alunos que só lêem um livro se for cair na prova; profissionais que só aprendem porque o chefe intimou; empresas que só fornecem serviços porque a lei manda; cidadãos que só votam porque são obrigados; gente que só faz exercício porque o médico mandou. Praticamente um bando de zumbis, matando o tempo (e a vida) em frente a programas ruins na TV.

Viver no automático pode ser mais confortável, mas impede a gente de se espantar e, em última instância, de viver.

Voltando à filosofia para principiantes, Descartes esculpiu a máxima: *"penso, logo existo"*.

Se a gente não se espanta nem pensa mais, será que está, de uma maneira indireta, deixando também de existir?

Pense nisso.

Não está ótimo? Então, mude!

Ano passado, assisti a uma palestra do genial Agnaldo Farias, arquiteto, professor da USP, autor de livros, curador de exposições e crítico de arte. Ele disse uma frase que ficou na minha cabeça:

São os arrogantes que fazem o mundo evoluir.

É claro, pois, para criar algo novo, você precisa achar que pode fazer melhor do que tudo que já existe, que pode achar uma solução mais adequada do que todas as que já foram pensadas até hoje. Tem arrogância maior? Não tive oportunidade de conversar com ele no final, mas desconfio que partilhamos da mesma admiração pelo Dr. House.

"*Eu sou muito humilde*" é um dos maiores paradoxos que alguém pode pronunciar. Não consigo encontrar uma única justificativa para alguém com a sua autoestima em plena forma ser humilde. Submissão é uma daquelas manias antigas que hoje sabemos não serem saudáveis (surrar crianças travessas com vara de marmelo é outra). A palavra vem do latim humilitas, que quer dizer baixeza, coisa apegada ao chão. Como isso pode ser uma virtude?

É claro que não estou defendendo aquelas pessoas que estão sempre cheias de razão. Mas quando alguém ouve o outro com atenção e reconhece que está errado, posso garantir que nada tem a ver com humildade.

Mudar de idéia e pedir desculpas é sinal de inteligência, pois quem acha que está sempre certo não aprende. Aos donos da verdade não falta humildade; sobra ignorância.

Desconfio que as pessoas que pregam muito a humildade têm um orgulho secreto por serem mais humildes que as outras. No fundo, acho que não existe gente humilde, existe gente mais discreta...

Então, além da arrogância saudável bem lembrada pelo Agnaldo, eu ainda completaria a frase dele com mais alguns adjetivos, que fica como mensagem final para você pensar na sua vida profissional:

São os arrogantes, os insatisfeitos e os empolgados que fazem o mundo evoluir!

Fui!

Impressão e acabamento
Gráfica da Editora Ciência Moderna Ltda.
Tel: (21) 2201-6662